Stefan Heym

Der kleine König, der ein Kind kriegen mußte

und andere neue Märchen für kluge Kinder

Wilhelm Goldmann Verlag

Zeichnungen: Horst Hussel

Made in Germany · 11/79 · 1. Auflage · 1110
Genehmigte Taschenbuchausgabe

Umschlagentwurf: Atelier Adolf & Angelika Bachmann, München
Satz: Zobrist & Hof AG, CH-4133 Pratteln
Druck: Presse-Druck, Augsburg
Verlagsnummer: 7016
Lektorat: Martin Vosseler · Herstellung: Gisela Ernst
ISBN 3-442-07016-3

Inhalt

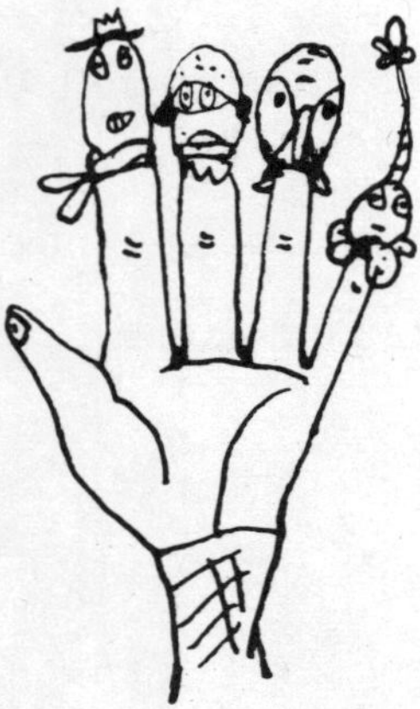

Der kleine König, der ein Kind kriegen mußte

Das Land, in dem der kleine König regierte, war nicht sehr groß, aber ihm genügte es. Des Morgens stand er auf und frühstückte mit seiner Frau, die Adelheid hieß, und während er sein Süppchen aß und seinen Kaffee trank, sagte sie ihm, was für Gesetze er heute verkünden müßte und wen er zu bestrafen hätte, und der kleine König sagte, ja, ja, das wäre schon recht so, aber Frau Adelheid sagte, Worte allein genügten nicht, man müsse auch etwas tun, und so mußte der kleine König denn weg von seinem Frühstückstisch und an die Arbeit.
An diesem Tag schien die Sonne so schön, und der kleine König löffelte gerade sein Süppchen aus und freute sich auf

seinen Kaffee und dachte: Heute werde ich im Park spazierenfahren, wo der Kuckuck so lustig ruft und der Schwan so still auf dem Teich gleitet, aber da sagte Frau Adelheid: »Kleiner König«, sagte sie, »es ist doch nicht gerecht, daß immer die Frauen in der Küche stehen und das Mittagessen kochen und das Geschirr und die Töpfe waschen müssen, und nicht die Männer, oder?«
»Ja, ja«, sagte der kleine König, »mich deucht, da ist schon was dran.«

»Dann mußt du noch heute ein Gesetz verkünden, kleiner König«, sagte Frau Adelheid, »daß von jetzt an die Männer in der Küche stehen und das Mittagessen kochen und das Geschirr und die Töpfe waschen müssen, und wer das Gesetz nicht befolgt, zahlt Strafe.«
»Ja, ja«, sagte der kleine König, »das ist schon recht so.«
Frau Adelheid aber sagte: »Worte allein genügen nicht, man muß auch etwas tun«; und so mußte der kleine König weg von seinem Frühstückstisch und flugs in die Küche und das Mittagessen kochen und das Geschirr und die Töpfe waschen, und aus seinem Ausflug in den Park wurde nichts.
Am nächsten Tag regnete es, und der kleine König wollte gerade ein Stück Zucker in seinen Kaffee tun und dachte: Heute werde ich in mein Zimmer gehen und in dem großen Buch lesen, wo so viele schöne Geschichten drin sind, aber da sagte Frau Adelheid: »Kleiner König«, sagte sie, »es ist doch nicht gerecht, daß immer die Frauen die kunstvollen Kissenbezüge sticken müssen für Tante Martha und die warmen Wolldecken häkeln für Onkel Julius, und nicht die Männer, oder?«
»Ja, ja«, sagte der kleine König, »mich deucht, da ist schon was dran.«
»Dann mußt du noch heute ein Gesetz verkünden, kleiner König«, sagte Frau Adelheid, »daß von jetzt an die Männer die kunstvollen Kissenbezüge sticken müssen für Tante Martha und die warmen Wolldecken häkeln für Onkel Julius, und wer das Gesetz nicht befolgt, kommt an den Pranger.«
»Ja, ja«, sagte der kleine König, »das ist schon recht so.«
Frau Adelheid aber sagte: »Worte allein genügen nicht, man muß auch etwas tun«; und so mußte der kleine König weg von seinem Frühstückstisch und flugs in die Küche und das

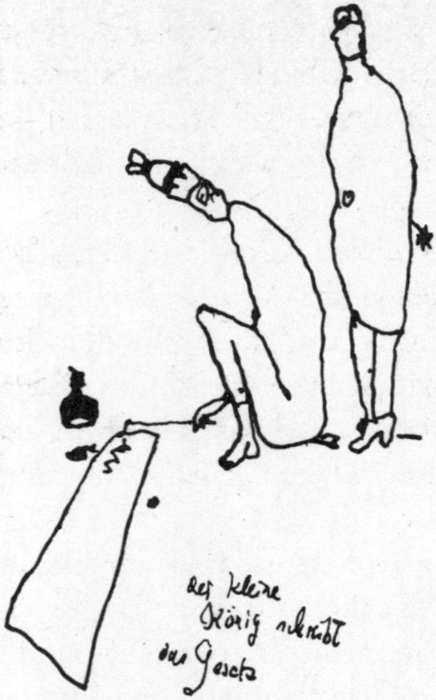

Mittagessen kochen und das Geschirr und die Töpfe waschen und dann in die Arbeitskammer und einen kunstvollen Kissenbezug sticken für Tante Martha und eine warme Wolldecke häkeln für Onkel Julius, und mit dem Lesen in dem großen Buch, wo so viele schöne Geschichten drin waren, wurde es auch nichts.

Am Tag darauf fror es tüchtig, und der kleine König wollte gerade seinen Kaffee schlürfen und dachte: Heute werde ich mir die Schlittschuhe anschnallen und über das Eis sausen, daß es eine Freude ist, aber da sagte Frau Adelheid: »Kleiner König«, sagte sie, »es ist doch nicht gerecht, daß immer die Frauen den Fußboden scheuern und die Fenster putzen müssen, und nicht die Männer, oder?«

»Ja, ja«, sagte der kleine König, »mich deucht, da ist schon was dran.«

»Dann mußt du noch heute ein Gesetz verkünden, kleiner König«, sagte Frau Adelheid, »daß von jetzt an die Männer den Fußboden scheuern und die Fenster putzen müssen, und wer das Gesetz nicht befolgt, kommt ins Gefängnis.«

»Ja, ja«, sagte der kleine König, »das ist schon recht so.«

Frau Adelheid aber sagte: »Worte allein genügen nicht, man muß auch etwas tun«; und so mußte der kleine König weg von seinem Frühstückstisch und flugs in die Küche und das Mittagessen kochen und das Geschirr und die Töpfe waschen und dann in die Arbeitskammer und einen kunstvollen Kissenbezug sticken für Tante Martha und eine warme Wolldecke häkeln für Onkel Julius und dann ins Wohnzimmer und den Fußboden scheuern und die Fenster putzen, und mit dem Schlittschuhlaufen und dem übers Eis Sausen, daß es eine Freude war, wurde es gleichfalls nichts.

Einen Tag später war überhaupt kein Wetter mehr, und der kleine König aß sein Süppchen nicht und trank auch keinen Kaffee und dachte: Heute gehe ich zurück ins Bett und ziehe mir die Decke über die Ohren und wärme mir den Bauch und die Füße, aber da sagte Frau Adelheid: »Kleiner König«, sagte sie, »es ist doch nicht gerecht, daß immer

die Frauen die Kinder kriegen, und nicht die Männer, oder?«
»Ja, ja«, sagte der kleine König, »mich deucht, da ist schon was dran.«
»Dann mußt du noch heute ein Gesetz verkünden, kleiner König«, sagte Frau Adelheid, »daß von jetzt an die Männer die Kinder kriegen müssen, und wer das Gesetz nicht befolgt, Kopf ab.«
»Ja, ja«, sagte der kleine König, »das ist schon recht so.«
Frau Adelheid aber sagte: »Worte allein genügen nicht, man muß auch etwas tun«; und so mußte der kleine König weg von seinem Frühstückstisch und flugs in die Küche und das Mittagessen kochen und das Geschirr und die Töpfe waschen und dann in die Arbeitskammer und einen kunstvollen Kissenbezug sticken für Tante Martha und eine warme Wolldecke häkeln für Onkel Julius und dann ins Wohnzimmer und den Fußboden scheuern und die Fenster putzen, und nun mußte er auch noch ein Kind kriegen, aber er wußte nicht, wie.
»Vielleicht gehen Euer Majestät zur weisen Frau im nächsten Dorf um die Ecke herum«, riet die Magd Zenzi, »die hat schon vielen geholfen.«
Der kleine König machte sich eilends auf den Weg zum nächsten Dorf um die Ecke herum und sprach mit der weisen Frau und sagte ihr, er müsse unbedingt ein Kind kriegen.
»Das ist doch ganz einfach«, sagte die weise Frau. »Kinderkriegen ist wie Semmelbacken, nur dauert es etwas länger. Ich werde Euch ein Tränklein geben, das trinkt Ihr, und das wird gewiß helfen.«
Der kleine König dankte der weisen Frau und trank ihr Tränklein und wartete, aber er kriegte kein Kind, und Frau Adelheid sagte: »Tu doch endlich etwas, damit du ein Kind

kriegst, denn ein König muß ein Vorbild sein für die Leute, selbst wenn er nur ein kleiner König ist.«

»Vielleicht gehen Euer Majestät zum Herrn Doktor im nächsten Dorf um zwei Ecken herum«, riet die Magd Zenzi, »der hat schon vielen geholfen.«

Der kleine König machte sich eilends auf den Weg zum nächsten Dorf um zwei Ecken herum und sprach mit dem Herrn Doktor und sagte ihm, er müsse unbedingt ein Kind kriegen.

»Das ist doch ganz einfach«, sagte der Herr Doktor. »Das Kinderkriegen ist nur am Anfang schwer, später gewöhnt man sich daran. Ich werde Euch eine Pille geben, die ist so groß wie ein Reichstaler, die schluckt Ihr, und das wird gewiß helfen.«

Der kleine König dankte dem Herrn Doktor und schluckte seine Pille und wartete, aber er kriegte kein Kind, und Frau Adelheid sagte: »Du mußt dich mehr anstrengen, damit du ein Kind kriegst, denn auch ein König muß sich nach dem Gesetz richten, selbst wenn er nur ein kleiner König ist.«

»Vielleicht gehen Euer Majestät zum Herrn Pastor im nächsten Dorf um drei Ecken herum«, riet die Magd Zenzi, »der hat schon vielen geholfen.«

Der kleine König machte sich eilends auf den Weg zum nächsten Dorf um drei Ecken herum und sprach mit dem Herrn Pastor und sagte ihm, er müsse unbedingt ein Kind kriegen.

«Das ist doch ganz einfach«, sagte der Herr Pastor. »Seit Adam und Eva, welches die ersten Menschen waren, haben die Leute Kinder gekriegt. Ihr müßt nur recht herzlich darum beten, hier habt Ihr eine dicke Kerze, die stiftet Ihr der heiligen Jungfrau Maria, und das wird gewiß helfen.«

Der kleine König stiftete die dicke Kerze und wartete, aber er kriegte kein Kind, und Frau Adelheid sagte: »Jetzt wird's aber höchste Zeit, daß du ein Kind kriegst, sonst heißt es Kopf ab, denn auch ein König hat einen Kopf, selbst wenn er nur ein kleiner König ist.«

Da bekam der kleine König einen großen Schreck, und er wartete nicht weiter ab, sondern verließ sein Schloß, ohne sich erst bei Frau Adelheid zu verabschieden, und ging hinaus in sein Land und lief drei Tage und drei Nächte, bis er in die hohen Berge kam, wo sein Land zu Ende war, und am nächsten Morgen, als er vor Hunger und Müdigkeit schon fast nicht mehr weiterkonnte, traf er ein kleines Hirtenmädchen, das eine Kuh und eine Ziege auf der Wiese hatte und sonst nichts.

»Du siehst aber schlimm aus«, sagte das kleine Hirtenmädchen. »Dein Wams hängt dir vom Leibe, so abgemagert bist du, und deine feinen Schuhe sind schon ganz durchgelaufen, und deine Knie zittern dir.«

»Ja, ja«, sagte der kleine König, »ich wäre auch lieber zu Haus in meinem schönen Park, wo der Kuckuck so lustig ruft und der Schwan so still auf dem Teich gleitet, oder in meinem Zimmer, wo ich ein großes Buch habe mit schönen Geschichten drin, oder auf Schlittschuhen, mit denen ich übers Eis sause, daß es eine Freude ist, oder wenigstens in meinem warmen Bett, aber so hat es seine Not mit mir.«
»Möchtest du vielleicht ein Stück Brot mit Ziegenkäse und ein Töpfchen warme Milch?« fragte das Hirtenmädchen. »Ich habe gerade noch etwas übrig vom Frühstück.«
So kam der kleine König endlich zu seinem Frühstück, und er durfte es aufessen, ohne daß ihm gesagt wurde, was für Gesetze er heute verkünden müßte und wen er zu bestrafen hätte, und erst nachdem er sich den Mund abgewischt hatte, neigte sich das kleine Hirtenmädchen zu ihm hin und fragte, was es denn für eine Not mit ihm habe.
»Ach«, sagte er, »ich muß ein Kind kriegen, sagt mir Frau Adelheid, oder es heißt Kopf ab.«
»Aber du kannst doch gar keins kriegen«, sagte das kleine Hirtenmädchen. »Es geht nicht.«
»Das ist ja furchtbar«, sagte der kleine König. »Ich habe schon das Mittagessen gekocht und die Teller und Töpfe gewaschen und einen kunstvollen Kissenbezug gestickt für Tante Martha und eine warme Wolldecke gehäkelt für Onkel Julius und den Fußboden gescheuert und die Fenster geputzt, und jetzt müßte ich nur noch ein Kind kriegen, dann wäre alles gerecht.«
»Nein«, sagte das kleine Hirtenmädchen, »es geht aus bestimmten Gründen wirklich nicht. Aber vielleicht kann ich dir helfen.«
»Könntest du, kleines Hirtenmädchen?« sagte der kleine König. »Ich würde dir sehr dankbar sein, wenn du mir helfen könntest, ein Kind zu kriegen, und ich würde dich

mitnehmen mit mir auf mein Schloß, und deine Kuh und deine Ziege auch.«

»Das ist doch sehr einfach«, sagte das kleine Hirtenmädchen. »Du mußt mich nur richtig liebhaben, und dann schenk' ich dir eins.«

»So einfach ist das?« sagte der kleine König und strahlte übers ganze Gesicht.

»Ja«, sagte das kleine Hirtenmädchen, »so einfach ist es.«

Gesagt, getan, und der kleine König kriegte sein Kind, und es hatte Locken wie das kleine Hirtenmädchen und ebenso große dunkle Augen, aber es war seines. Und da er wirklich ein dankbarer kleiner König war, nahm er zusammen mit seinem Kind auch das kleine Hirtenmädchen und die Kuh und die Ziege mit auf sein Schloß, und zum Frühstück gab es von da an neben seinem Süppchen und dem Kaffee auch ein Stück Brot und Käse für ihn und ein Töpfchen warme Milch.

Frau Adelheid aber gründete einen Verein, und wenn sie nicht gestorben ist, redet sie noch heute.

Wie es mit Rotkäppchen weiterging

Jeder weiß, wie die Sache mit Rotkäppchen und dem Wolf ausgegangen ist: Der Jäger schnitt dem Wolf mit der Schere den Bauch auf, und Rotkäppchen und die Großmutter kamen herausgekrochen, und dafür legten sie dem Wolf Steine in den Bauch, so daß der nicht fortspringen konnte, wie er aufwachte, und niedersank und sich totfiel; die Großmutter aber verspeiste den Kuchen und trank den Wein, welchen das Rotkäppchen in seinem Körbchen gebracht hatte, und der Jäger und die Großmutter und das Rotkäppchen waren alle drei vergnügt.

Wie aber ist es weitergegangen? Das ist die Frage, denn man muß doch bedenken, eine Viertelstunde im Bauch von einem

Wolf, oder war es gar eine halbe, das ist doch mehr, als du und ich erlebt haben und die meisten von uns. Das Rotkäppchen kehrte also zurück nach Haus zu seiner Mutter und erzählte, was ihm widerfahren war, und die Mutter schlug die Hände zusammen über ihrem Kopf und rief nach den Nachbarn, und das ganze Dorf, alt und jung, lief alsbald herbei, und das Rotkäppchen mußte noch einmal von vorne berichten, wie es dem Wolf begegnet war im Walde und wie es Blumen gepflückt habe auf Anraten des Wolfes und daher verspätet kam zur Großmutter, und wie die Großmutter so komisch aussah, mit großen Ohren und Augen und Händen und einem entsetzlich großen Maul, und wie das Rotkäppchen sich erkundigte wegen der plötzlichen Veränderung, und was die Großmutter darauf antwortete, nämlich daß sie die großen Ohren hätte zum besseren Hören und die großen Augen zum besseren Sehen und die großen Hände zum besseren Greifen und das entsetzlich große Maul, »damit ich dich besser fressen kann«.

Da erschraken die Leute und sagten: »Wie grauslich!« und: »Du armes Kind!« und: »Nicht möglich!« Aber der Jäger, der das Rotkäppchen aus dem Bauch vom Wolf herausgeschnitten hatte, bezeugte alles, und die Großmutter, die ja mit im Bauch von dem Wolf gewesen war, erklärte, daß das Rotkäppchen die reine Wahrheit sprach und auch nicht das kleinste bißchen übertrieb.

Unter diesen Umständen wurde das Rotkäppchen sehr bald zum bekanntesten Rotkäppchen im Lande, und von überallher kamen die Leute angereist und wollten es sehen, sogar aus der Hauptstadt, und sie wollten hören, wie das Rotkäppchen die Geschichte erzählte, und viele stellten Fragen, die das Rotkäppchen alle geduldig beantwortete, zum Beispiel wollten sie wissen, wie es denn gewesen wäre in dem Bauch vom Wolf.

»Eng und dunkel«, sagte das Rotkäppchen, »und auch ein bißchen glitschig.«
Ja, wollten die Leute wissen, ob es denn gar keine Angst gehabt habe?
»Das schon«, sagte das Rotkäppchen, »aber die Großmutter war ja bei mir.«
Aber wenn es dunkel war in dem Bauch von dem Wolf, wollten die Leute wissen, wie konnte das Rotkäppchen da sehen, daß es seine Großmutter war, die mit ihm in dem Bauch steckte?
»Meine Großmutter«, antwortete da das Rotkäppchen, »erkenne ich sogar im Dunkeln.«
Aber wenn das Rotkäppchen seine Großmutter sogar im Dunkeln erkennen konnte, wollten die Leute wissen, wieso habe es da den Wolf im Bett mit der Großmutter verwechselt?
Da lachte das Rotkäppchen hell heraus und sagte, es habe ja auch gleich gemerkt, daß etwas nicht stimmte; hätte es sonst vielleicht nachgefragt wegen der großen Ohren und der großen Augen und der großen Hände und wegen des entsetzlich großen Mauls?
Die Leute staunten: Das war mal eine gescheite Antwort!

Und das Rotkäppchen wurde so berühmt, daß sogar ein richtiger Dichter kam aus der Hauptstadt und über es schreiben wollte, und die Leute sagten, wenn es so weiterginge mit Rotkäppchen, werde es hoch hinaus gehen mit ihm, und der Felix von nebenan, mit dem das Rotkäppchen bis dahin immer gespielt hatte, wurde ganz traurig, denn das Rotkäppchen schenkte ihm überhaupt keine Beachtung mehr und sah ihn auch nicht an.

Aber wie das so ist im Leben, auch die größte Berühmtheit verblaßt allmählich, sogar wenn einer eine Viertelstunde im Bauch vom Wolf gesteckt hat, oder war es eine halbe, und wenn das Rotkäppchen die Geschichte wieder erzählen wollte, sagten die Leute: »Das kennen wir nun schon« und: »Dankeschön.«

Da wurde das Rotkäppchen ganz traurig und maulte im Hause herum, bis die Mutter es satt hatte und zu ihm sagte: »Weißt du, Rotkäppchen, du könntest auch mal was tun, statt hier im Haus zu sitzen und zu warten, bis jemand kommt, dem du deine Geschichte erzählen kannst und der dich bestaunt. Ich habe einen Kuchen gebacken und eine Flasche Wein gekauft, die tue ich in ein Körbchen, und du kannst sie zur Großmutter im Walde tragen, denn es geht ihr wieder mal nicht gut.«

Erst wollte das Rotkäppchen nein sagen, denn es dachte, es sei zu berühmt, um Kuchen und Wein zur Großmutter oder zu irgendeinem zu tragen, aber dann besann es sich, daß es ja noch mehr Wölfe gab im Wald als den, dem der Jäger den Bauch aufgeschnitten hatte, und es sagte zu seiner Mutter: »Ei ja, gib mir nur den Korb, und ich will schon sehen, daß die Großmutter alles richtig bekommt.« Und damit setzte es sich sein Käppchen aus rotem Sammet auf, das die Großmutter ihm geschenkt hatte und mit dem es so hübsch aussah, und trabte los.

Im Wald begegnete das Rotkäppchen allen möglichen Tieren, Igeln und Hasen und Blindschleichen und Marienkäferchen und sogar einem Frosch, der an einem Bach saß, aber keinem Wolf, und es dachte: Das wird sein, weil der Wolf die Großmutter vielleicht schon gefressen hat, und ich muß mich sputen, daß ich nicht zu spät komme und er seinen Appetit nicht schon verloren hat. Darum nahm es sich auch keine Zeit, noch Blumen für die Großmutter zu pflücken, und kam ganz atemlos an beim Häuschen der Großmutter und trat ein und lief zum Bett und wollte schon zu fragen anfangen: »Ei, Großmutter, was hast du für große Ohren?«, aber da sah es, daß die Großmutter ganz normale Ohren und Augen und Hände hatte und gar kein besonders großes Maul, und da stiegen ihm die Tränen in die Augen, und es weinte bitterlich.

»Warum weinst du, Rotkäppchen?« fragte die Großmutter. »Hast du Schwierigkeiten gehabt mit dem bösen Wolf?«

»Überhaupt nicht«, schluchzte das Rotkäppchen, »das ist es ja gerade. Und wie ich hereingekommen bin in dein Häuschen, habe ich gehofft, daß er wenigstens schon in deinem Bett läge, so daß ich ihn fragen könnte wegen der großen

Ohren und Augen und Hände und wegen seines entsetzlich großen Mauls, aber damit ist es nun auch nichts.«
»Gott sei Dank«, sagte die Großmutter und biß in den Kuchen, den das Rotkäppchen gebracht hatte, »denn es war doch recht eng und dunkel in dem Bauch und auch ein bißchen glitschig.«
Da stampfte das Rotkäppchen mit dem Fuß auf und sagte: »Der Wolf muß wieder her!«
»Das wird wohl nicht gehen«, sagte die Großmutter und trank von dem Wein, den das Rotkäppchen gebracht hatte. »Du vergißt, daß der Jäger ihm den Bauch aufgeschnitten hat und daß wir ihm Steine hineingelegt haben, so daß er nicht fortspringen konnte, wie er aufwachte, und niedersank und sich totfiel.«
»Dann hole ich eben einen anderen!« rief das Rotkäppchen und verlegte sich aufs Bitten. »Liebste Omi, beste Omi, ich hol' einen andern Wolf, und du läßt dich fressen, und ich lass' mich fressen, und dann kommt der Jäger und schneidet dem Wolf den Bauch auf, und wir kriechen wieder heraus, und ich werde noch berühmter sein als vorher, denn zweimal hintereinander im Bauch von einem Wolf, das hat es überhaupt noch nicht gegeben.«
»Danke«, sagte die Großmutter und wischte sich den Mund ab nach dem guten Essen, »mir hat einmal genügt. Und nun nimm dein Körbchen, Rotkäppchen, und troll dich und sag deiner Mutter, ich ließe mich schön bedanken für den guten Kuchen und den süßen Wein, und sie soll dir die Flausen aus dem Kopf jagen.«
Da ging das Rotkäppchen weg von seiner Großmutter und lief durch den Wald, und weil es so traurig war und die ganze Zeit hätte weinen mögen, kam es wieder vom Weg ab wie damals, als es die Blumen pflückte für seine Großmutter, und begegnete tatsächlich einem Wolf, der aber noch

sehr jung war und ein bißchen tapsig und sofort Anstalten machte wegzulaufen, als er das Käppchen aus rotem Sammet sah. Aber das Rotkäppchen lief ihm hinterher und hatte ihn bald eingeholt und sagte: »Bleib doch mal stehen endlich! Ich habe mit dir zu reden!«

»Du bist doch das Rotkäppchen?« sagte der junge Wolf. Und als das Rotkäppchen freudig nickte, weil es dachte: Wie berühmt bin ich doch, daß sogar die Wölfe im Wald mich kennen, sagte der junge Wolf: »Ich bin der Sohn vom alten Wolf, damit du's weißt, und ich will nichts mit dir zu tun haben, Rotkäppchen, denn schon meinem Vater ist die Bekanntschaft mit dir schlecht bekommen.«
»Aber da hast du eine völlig falsche Auffassung von mir«, sagte das Rotkäppchen. »Eben habe ich mit meiner Großmutter geredet, und sie hat auch gesagt, wie schön eng und dunkel es im Bauch von deinem Vater war, und auch ein bißchen glitschig.«
»Was willst du also von mir?« sagte der junge Wolf.
»Das ist doch sehr einfach«, sagte das Rotkäppchen. »Komm, ich führ' dich zum Haus der Großmutter, und ich klopfe dort an die Tür, und wenn die Großmutter die Tür aufmacht, gehst du hinein und verschlingst sie. Sie ist zwar

schon in den Jahren und manchmal nicht ganz gesund, so daß ich ihr Kuchen bringen muß und eine Flasche Wein, aber sicher ist sie dafür sehr mürbe.«

»Und weiter?« fragte der junge Wolf.

»Dann legst du dich ins Bett und setzest dir die Haube auf von der Großmutter, und dann komme ich und frage dich, warum du so große Ohren und Augen und Hände hast und so ein entsetzlich großes Maul, und dann sagst du: ›Damit ich dich besser fressen kann‹, und dann frißt du mich.«

»Und dann kommt der Jäger«, sagte der Wolf, »und schneidet mir mit der Schere den Bauch auf. Das ist schon meinem Vater, dem alten Wolf, schlecht bekommen.«

»Aber du siehst das ganz falsch«, sagte das Rotkäppchen und verlegte sich aufs Bitten. »Liebster Wolf, bester Wolf, auch wenn der Jäger kommt und dir den Bauch aufschneidet und wir dann Steine hineintun, damit du nicht fortspringen kannst, wenn du aufwachst, und niedersinkst und dich totfällst – bedenke doch, wie berühmt wir beide sein werden, denn zweimal hintereinander im Bauch von einem Wolf, das hat es überhaupt noch nicht gegeben.«

»Danke«, sagte der junge Wolf und zog sich vorsichtig zurück, »ein berühmter Wolf in der Familie genügt. Und nun nimm dein Körbchen, Rotkäppchen, und troll dich und sag deiner Mutter, sie soll dir die Flausen aus dem Kopf jagen und dich lieber im Haus behalten, denn du bist eine Gefahr für die Umwelt.«

So mußte das Rotkäppchen denn ungefressen nach Hause gehen, und als es ins Dorf kam, trat der Felix von nebenan gerade auf die Straße und staunte, weil das Rotkäppchen ihn plötzlich wieder ansah und ihm Beachtung schenkte, und er faßte sich ein Herz und fragte, ob das Rotkäppchen vielleicht auch wieder mit ihm spielen wollte.

»Ach du«, sagte das Rotkäppchen, »du spielst auch immer

dasselbe, Haschmich und Kreuzhüpf und Bäumchenverwechseln.«

Nein, sagte der Felix von nebenan, er hätte wohl ein neues Spiel, das sehr lustig wäre.

»Und wie heißt dein neues Spiel?« wollte das Rotkäppchen wissen.

»Mein neues Spiel heißt Rotkäppchen und der Wolf«, sagte der Felix von nebenan.

Da war das Rotkäppchen wieder vergnügt, denn es dachte: Wenn ein neues Spiel nach einem benannt wird, ist das der Höhepunkt der Berühmtheit, und es wollte wissen, wie man das Spiel spielt.

»Ganz einfach«, sagte der Felix von nebenan, »du bist das Rotkäppchen, und ich bin der Wolf, und ich fress' dich.«

»Aber«, sagte das Rotkäppchen, »dann müssen wir dir auch den Bauch aufschneiden, damit ich wieder herauskann.«

»Nein«, sagte der Felix von nebenan, »denn ich fress' dich ja aus Liebe. Und wenn einer aus Liebe gefressen wird, der bleibt drin.«

Clown Theobald

Neben dem großen Zelt in dem großen Zirkus vor der großen Stadt saß der große Clown Theobald mit seinem kleinen Hund Cäsar und seufzte.
»Warum seufzest du, Clown Theobald?« sagte der Hund Cäsar und schaute seinen Herrn von unten her an, denn er war wirklich ein sehr kleiner Hund.
»Wenn einer seufzt, dann drückt ihn was«, sagte der Clown Theobald. »Ich werde schon meine Gründe haben.«
»Ich wüßte nicht, was dich drücken sollte«, sagte der Hund Cäsar. »Du bist der große Clown Theobald, und alle Zeitungen schreiben über dich, und wenn du in die Manege kommst, freuen sich alle Kinder und lachen schon im voraus.«

»Aber keiner will mich ernstnehmen«, sagte der große Clown Theobald, »und das ist das Traurige. Selbst das schöne Fräulein Violetta, das hoch oben auf dem Trapez steht und durch die Luft segelt, daß den Leuten der Atem stockt, schenkt mir keine Beachtung.«
»Warum willst du überhaupt ernstgenommen werden?« fragte der kleine Hund Cäsar. »Sieh mich an, ich springe in die Luft auf allen vieren und überkugle mich, und das ist das Richtige.«
»Ach kleiner Hund Cäsar«, sagte der große Clown Theobald, »davon verstehst du leider nichts.« Und er seufzte so recht aus tiefstem Herzen und stand auf und ging hinein in die Manege, denn der Zirkusdirektor hatte bereits mit der Peitsche geknallt, und der kleine Hund Cäsar sprang ihm nach.
»Da kommt ja der große Clown Theobald!« sagten die Leute, wie sie ihn sahen mit seinen viel zu großen Clownslatschen und seiner viel zu großen Clownshose und dem viel zu großen Clownskragen, der immer aufging und ihm um die Ohren schlug, und alle Kinder lachten schon im voraus. Und keiner bemerkte, daß der große Clown Theobald ganz traurige Augen hatte, aber das konnte man auch schlecht sehen, denn seine Augen waren weiß ummalt, und seine Nase war rot und leuchtete wie eine Glühbirne, und seine Lippen waren wie aus Gummi und dreimal so groß wie bei dir und mir. Selbst das schöne Fräulein Violetta oben auf ihrem Trapez bemerkte es nicht, aber das kam daher, daß sie viel zu hoch stand.
Der Zirkusdirektor knallte zum zweiten Mal mit der Peitsche, und der große Clown Theobald begann zu tanzen. Er wollte so recht schön mit Gefühl tanzen, um auszudrücken, wie ihm zumute war, aber da kamen die Männer, die den langen roten Teppich aufrollten, und er stolperte über seine

großen Clownslatschen und schlug der Länge lang hin, so daß er aufhören mußte zu tanzen und der ganze Zirkus lachte. Der große Clown Theobald rappelte sich auf, und nun begann er zu singen. Er wollte so recht schön mit Gefühl singen, um auszudrücken, wie ihm zumute war, aber jetzt ging ihm sein großer Clownskragen auf und schlug ihm um die Ohren, so daß er aufhören mußte zu singen und der ganze Zirkus wieder lachte. Da hob der große Clown Theobald die Arme und rief: »Hört auf! Hört auf zu lachen! Ich möchte auch einmal ernstgenommen werden!« Aber jetzt platzte sein Hosenträger, und seine Clownshose rutschte herunter, so daß er dastand in knallgrünen Unterhosen, und der kleine Hund Cäsar sprang in die Luft auf allen vieren und überkugelte sich, und der ganze Zirkus lachte so laut, daß der Hauptmast zu wackeln anfing und das schöne Fräulein Violetta hoch oben auf ihrem Trapez ins Schwingen geriet. Da füllten sich die weiß ummalten Augen des großen Clowns Theobald mit Tränen, und seine rote Nase hörte auf zu glühen, und seine Lippen, die wie aus Gummi waren und dreimal so groß wie bei dir und mir, verzogen sich, und er drehte sich still um und ging hinaus aus der Manege, und der kleine Hund Cäsar sprang ihm nach.

Er ging hin zu der Elefantenkuh Elvira, die mit dem Rüssel »Komm, lieber Mai, und mache« trompeten konnte, während sie oben auf einer großen Trommel balancierte, und schenkte ihrem kleinen Sohn, der Rupert hieß, eine Banane und klagte ihr sein Leid. »Wie kommt es«, fragte er, »daß man dich ernstnimmt, obwohl du doch nur eine Elefantenkuh bist und kein Mensch und schon gar nicht ein großer Clown wie ich?«

»Das kommt daher«, sagte die Elefantenkuh Elvira und gab ihrem kleinen Sohn Rupert eins mit dem Rüssel hinter die Ohren, weil der dem großen Clown Theobald auf die viel zu

großen Clownslatschen getreten war, »das kommt daher, daß ich etwas gelernt habe im Leben. Früher bin ich in der Wildnis herumgetapst und habe Bananenstauden abgerissen oder Zuckerrohr und manchmal auch eine große dicke Kokosnuß, aber jetzt kann ich mit dem Rüssel ›Komm, lieber Mai, und mache‹ trompeten, während ich oben auf einer großen Trommel balanciere, und das ist gewiß eine Errungenschaft.«

»Ja«, sagte der große Clown Theobald, »an Errungenschaften fehlt es mir, außer daß sich alle Kinder über mich freuen und schon im voraus lachen, wenn ich in die Manege komme.«

»Das zählt leider nicht«, sagte die Elefantenkuh Elvira. »Schade, daß du keinen Rüssel hast, sonst könntest du vielleicht auch lernen, ›Komm, lieber Mai, und mache‹ zu trompeten, während du oben auf einer Trommel balancierst, und dann würdest du auch ernstgenommen werden.«

Dem großen Clown Theobald leuchtete ein, was ihm die Elefantenkuh Elvira gesagt hatte, aber er wollte doch lieber noch jemand anders befragen, denn man soll genau wissen, was man tut, bevor man sich in Unkosten stürzt. Also ging er hin zu der Tigerkatze Rita, die durch zehn Reifen hindurchspringen konnte, von denen drei sogar lichterloh

brannten, und schenkte ihrem kleinen Sohn, der Maximilian hieß, eine gebratene Boulette und klagte ihr sein Leid. »Wie kommt es«, fragte er, »daß man dich ernstnimmt, obwohl du doch nur eine Tigerkatze bist und kein Mensch und schon gar nicht ein großer Clown wie ich?«
»Das kommt daher«, sagte die Tigerkatze Rita und gab ihrem kleinen Sohn Maximilian eins mit der Tatze hinter die Ohren, weil der sich in die viel zu großen Clownshosen verkrallt hatte, »das kommt daher, daß ich etwas gelernt habe im Leben. Früher bin ich in der Wildnis herumgeschlichen und habe mir einen Springhasen geholt oder ein Warzenschwein und manchmal auch ein großes dickes Gnu, aber jetzt kann ich durch zehn Reifen hindurchspringen, von denen drei sogar lichterloh brennen, und das ist gewiß eine Errungenschaft.«
»Ja«, sagte der große Clown Theobald, »an Errungenschaften fehlt es mir, außer daß sich alle Kinder über mich freuen und schon im voraus lachen, wenn ich in die Manege komme.«
»Das zählt leider nicht«, sagte die Tigerkatze Rita. »Schade, daß du keine starken Hinterbeine hast, sonst könntest du vielleicht auch lernen, durch zehn Reifen hindurchzuspringen, von denen drei sogar lichterloh brennen, und dann würdest du auch ernstgenommen werden.«
Dem großen Clown Theobald leuchtete ein, was ihm die Tigerkatze Rita gesagt hatte, und da ihr Ratschlag so ziemlich der gleiche war wie der, den er von der Elefantenkuh Elvira erhalten hatte, meinte er, sie hätten wohl beide recht, denn wenn zwei das Gleiche sagen, dann hat es schon Gewicht. Also ging er hin zu dem schönen Fräulein Violetta, das hoch oben auf dem Trapez stand, und grüßte höflich hinauf zu ihr und fragte: »Schönes Fräulein Violetta, was ist die größte Errungenschaft?«

»Die größte Errungenschaft?« sagte das schöne Fräulein Violetta. »Du meinst, die allerallergrößte?«
»Ja«, sagte der große Clown Theobald, »die meine ich.«
»Die allerallergrößte Errungenschaft«, sagte das schöne Fräulein Violetta, »das ist, wenn einer oben auf dem Trapez steht und dann sich abstößt und durch die Luft segelt, daß den Leuten der Atem stockt, und doch dabei nicht in die Tiefe stürzt.«
»Da hast du recht, schönes Fräulein Violetta«, sagte der große Clown Theobald, »und vielen Dank für die Auskunft.«

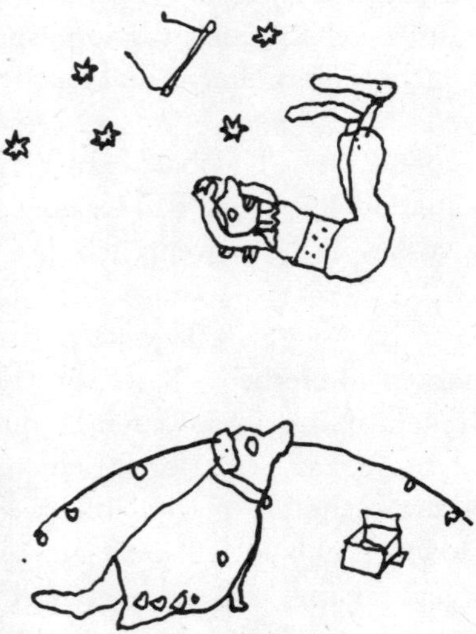

Aber der kleine Hund Cäsar, der dem großen Clown Theobald nachgesprungen war, sagte: »Warum willst du überhaupt ernstgenommen werden? Sieh mich an, ich springe in die Luft auf allen vieren und überkugle mich, und das ist das Richtige.«

»Nein«, sagte der große Clown Theobald, »das Richtige ist, wenn man durch die Luft segelt, daß den Leuten der Atem stockt, und morgen erringe ich mir eine Errungenschaft, damit ich endlich auch ernstgenommen werde.«
Da wurde der kleine Hund Cäsar ganz traurig, denn er wußte, daß er nicht zählte gegen eine Elefantenkuh, die »Komm, lieber Mai, und mache« mit dem Rüssel trompeten konnte, während sie oben auf einer großen Trommel balancierte, und gegen eine Tigerkatze, die durch zehn Reifen hindurchspringen konnte, von denen drei sogar lichterloh brannten, und gegen das schöne Fräulein Violetta.
Am nächsten Tag aber, als der Zirkusdirektor mit der Peitsche knallte, kam der große Clown Theobald in die Manege wie sonst auch, und die Kinder freuten sich und lachten schon im voraus. Wie der Zirkusdirektor aber das zweite Mal mit der Peitsche knallte, begann der große Clown Theobald nicht zu tanzen wie an anderen Tagen, und er sang auch nicht, sondern er ging schnurstracks hin zu der langen Strickleiter und kletterte hinauf, höher und immer höher, bis ihm ganz schwindlig wurde und er kaum noch Luft bekam, und dann stand er oben, wo die Trapezkünstler immer stehen, bevor sie durch die Luft segeln, daß den Leuten der Atem stockt.
Ach, wie sah die Welt da so ganz anders aus! Der große Clown Theobald blickte hinab in die Tiefe, und da war der kleine Hund Cäsar, der ihm nachgesprungen war in die Manege, und war nicht größer als ein kleiner weißer Punkt, der mit dem Schwanz wedelt, und der Zirkusdirektor war ein kleiner schwarzer Punkt, der mit der Peitsche knallt, und die Kinder im Zirkus waren lauter kleine bunte Punkte, aber sie lachten nun nicht mehr, sondern reckten die Hälse und staunten. Wie er aber den Kopf hob, erblickte er sich gegenüber auf ihrem Trapez das schöne Fräulein Violetta,

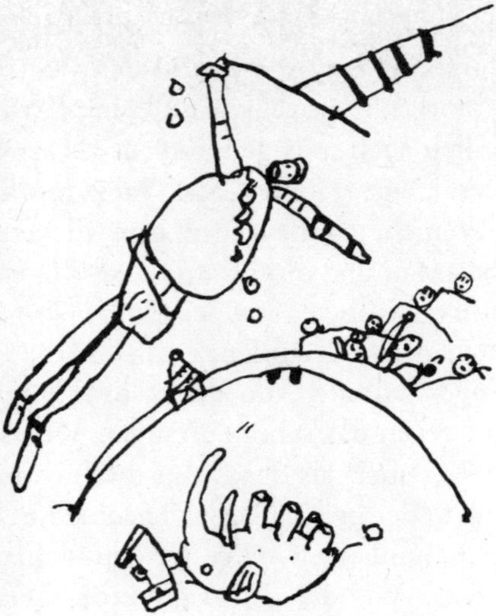

das den Arm nach ihm ausstreckte, denn sie hatte ihm ja gesagt, was die allerallergrößte Errungenschaft war, und auf einmal wurde alles ganz still um ihn, und der Kapellmeister unten in der Manege ließ einen Trommelwirbel schlagen, und der große Clown Theobald wußte, daß ihn alle endlich ernstnahmen, und nun mußte er springen.

Da!

Da segelte er durch die Luft, daß den Leuten der Atem stockte, aber plötzlich merkte er, daß der kleine weiße Punkt unten, der mit dem Schwanz wedelte, immer größer wurde, und auch der kleine schwarze Punkt, der mit der Peitsche knallte, und ebenso die vielen kleinen bunten Punkte, und er spürte, daß er in die Tiefe stürzte, obwohl er mit seinen großen Clownslatschen ruderte, was er konnte, und er dachte: Das ist aber schön, daß mich alle wenigstens einmal ernstgenommen haben, bevor es aus ist. Doch da kam von der anderen Seite her das schöne Fräulein Violetta geflogen und war so schön wie noch nie und lächelte ihm zu und streckte den Arm aus nach ihm und griff ihn bei den Händen und zog ihn zu sich auf ihr Trapez, und dann knickste sie recht artig für das Publikum. Der große Clown Theobald aber stand neben ihr in seinen viel zu großen Clownslatschen und seiner viel zu großen Clownshose und seinem viel zu großen Clownskragen, und das Herz schlug ihm so heftig, daß er glaubte, der ganze Zirkus müsse es hören. Jedenfalls hörte es das schöne Fräulein Violetta, denn sie neigte sich ihm zu und flüsterte: »Wie kann man nur so dumm sein und nicht merken, wenn einer einem Beachtung schenkt«, und die Kinder freuten sich und lachten, und alle Leute im Zirkus klatschten Beifall.

Die Geschichte vom Zwerg Casimir und der Prinzessin Sismonda

Ganz oben in den sieben Bergen, wo das Gestein rot und grün und blau und golden und überhaupt in allen Farben funkelt und wo der Wind durchs Geklüft heult und man ganz dicht am Mond und den Sternen ist, dort wohnte der Zwerg Casimir. Er hatte eine Zwergziege mit Namen Mathilde, die gab ihm Ziegenmilch und kletterte überallhin, wo selbst die kühnsten Bergsteiger nicht hinkonnten, und einen Zwerghund, der hieß Willibald und lag immer auf dem Sessel neben dem Ofen, weil es da am wärmsten und gemütlichsten war, und das liebte er.

Der Zwerg Casimir war nun nicht etwa ein gewöhnlicher Zwerg mit roter Kapuze und grünem oder blauem Röcklein, wie sie bei uns in den Vorgärten stehen oder auf hölzernen Fliegenpilzen sitzen und die Landschaft verschönern. O nein, der Zwerg Casimir hielt etwas auf sich und wollte höher hinaus; er trug enganliegende gestreifte Hosen und Schuhe mit scharfen Spitzen und ein weichledernes Wams; er färbte seinen Bart mit dem Saft der Blume Collinia Wollinia, so daß dieser nicht grau war, wie bei den anderen Zwergen, sondern blond wie ein Sahnebonbon, und säuberte sich sogar die Fingernägel; und wenn andere Zwerge ihn anstaunten, sagte er, es gäbe zwar in der ganzen Zwergengeschichte kein Beispiel, daß einer von ihnen die Prinzessin bekommen hätte, aber es hätte es ja auch keiner von ihnen ernsthaft versucht, und er hätte es sich vorgenommen. Wenn die Gartenzwerge oder auch die Zwerge hinter den sieben Bergen und die vor den sieben Bergen ihn so daherreden hörten, schüttelten sie die grauen Köpfe und kraulten sich die grauen Bärte; und der älteste von ihnen, der schon so lange auf seinem Fliegenpilz saß, daß er gar nicht mehr aufstehen konnte, sagte:

»Gänsefeder
Hinterleder
Bienenschwanz
Firlefanz«

und die andern Zwerge dachten, wer weiß, was das wieder für Weisheiten sind, und sie kraulten ihre Bärte noch heftiger und schüttelten ihre Köpfe noch stärker.
Der Zwerg Casimir aber ging zu der Zwergziege Mathilde, und die Zwergziege Mathilde sagte:

»Die Raben, die Raben,
die waben und schaben

und graben und naben –
Schwarzer Fleck,
Ziegendreck!«

Der Zwerghund Willibald jedoch sagte nur: »Wuff!« und drehte sich um und schlief weiter am Ofen.
So lagen die Dinge in diesem Frühjahr, als der Schnee schmolz und die Anemonen ihre Köpfchen aus der Erde steckten und die Schneeglöckchen läuteten, was das Zeug hielt, und alle Welt das Gefühl hatte, jetzt müßte man aber mal ganz laut und kräftig »Juchhe!« schreien. Da dachte der Zwerg Casimir: Wer nicht wagt, der nicht gewinnt – und er nahm sein Hämmerlein und schlug aus dem Gestein, wo es am rötesten und grünsten und blauesten und goldensten und überhaupt in allen Farben funkelte, die schönsten Steine; und jeden Stein setzte er in ein Ringlein, und aus den allerprächtigsten Steinen fertigte er ein Krönlein; das sollte für die Prinzessin sein, die er sich suchen würde. Dann packte er seine Schätze in ein braunes Säcklein und kletterte auf die Zwergziege Mathilde und nahm den Zwerghund Willibald, dem das gar nicht gefiel, an die Leine, und holterdipolter ging es den Berg hinab, daß der Staub flog und ein Berghase, der gerade vorbeikam, rasch zur Seite springen mußte, sonst hätte es sicher einen Unfall gegeben.
Und nun waren sie unten im Tale. Da gab es viele Mädchen. Mädchen und solche in den besten Jahren und auch alte Mädchen, die nachmittags in der Konditorei sitzen und Kaffee trinken und Apfelkuchen mit Schlagsahne essen – aber Prinzessinnen? Glaubt ihr vielleicht, die stehen an jeder Straßenecke und warten darauf, geheiratet zu werden? Nein, so ist die Welt nicht gebaut, und man muß sich schon tüchtig umsehen, um eine richtige Prinzessin zu finden, und dann ist sie meist schon vergeben, und unsereins hat das Nachsehen.

So ging es auch dem Zwerg Casimir. Er zog von einem Dorf zum andern und von einer Stadt zur andern, und die Zwergziege Mathilde wurde immer dünner und gab immer weniger Milch, und der Zwerghund Willibald wurde immer müder und griesgrämiger und sagte kaum noch: »Wuff!« Und das Schlimmste war, daß das braune Säcklein, in dem sich die schönen Ringlein und das Krönlein befanden, immer leichter wurde – denn jedesmal, wenn der Zwerg Casimir glaubte, eine Prinzessin gefunden zu haben, die ihm gefiel, kam er des Nachts zu ihr, wenn sie schlief, und steckte ihr ein Ringlein an den Finger; und wenn die Prinzessin aufwachte, rief sie: »Ach, der schöne Ring, wer hat mir den wohl gegeben?«; und wenn der Zwerg Casimir das hörte, sagte er: »Ich war's!« Aber dann sah die Prinzessin, daß er nur ein Zwerg war, wenn auch einer mit gestreiften Hosen und scharfgespitzten Schuhen und einem weichledernen Wams, und sie sagte: »Was soll ich mit dir anfangen? Ich müßte Angst haben, daß ich dich erdrücke wie einen Floh oder verschlucke wie eine Erbse, denn viel größer bist du wahrhaftig nicht. Geh und laß dich nicht wieder blicken!« – So hatte der arme Zwerg Casimir zum Spott noch den Schaden, denn auch nicht eine einzige von den Prinzessinnen dachte daran, ihm seinen Ring zurückzugeben.
Schließlich hatte er nur noch das Krönlein und war ganz bedrückt, denn wie sollte er jetzt auf anständige Weise und so, wie sich's gehört, mit einer Prinzessin Bekanntschaft schließen? Er fragte die Zwergziege Mathilde, und die Zwergziege Mathilde sagte:

»Die Schlangen, die Schlangen,
die bangen und wangen
und drangen und hangen –
Weißer Fleck,
Ziegendreck!«

Der Zwerghund Willibald jedoch sagte nicht einmal: »Wuff!«, denn er hatte das Umherziehen und die Suche nach der richtigen Prinzessin längst satt.
So lagen die Dinge in diesem Spätherbst, als der Frost kam und die Köpfe der Herbstastern grau wurden und die letzte Rose abfiel und alle Welt das Gefühl hatte: Jetzt aber nichts wie hinter den warmen Ofen und Filzpantoffeln an die Füße, damit wir nicht den Schnupfen kriegen und zu Weihnachten noch niesen!
Und gerade, wie es auch noch anfing, so traurig zu regnen, da kamen sie in das Land Mondanien, das eingeteilt war in Untermondanien und Obermondanien, und in Untermondanien herrschte der Großwesir Fitzli, und in Obermondanien herrschte der Großwesir Putzli, der König aber hieß Mondamin und war soeben abgesetzt worden, weil er alles falsch gemacht hatte. Wenigstens sagte der Großwesir Fitzli, der König hätte alles falsch gemacht, und der Großwesir Putzli stimmte ihm eifrig zu, und wenn in einem Reich beide Großwesire dasselbe sagen, dann wird es schon stimmen. Und daher setzten sie den König auf Rente, obwohl er noch gar nicht im Rentenalter war, und der arme König Mondamin ging den ganzen Tag in seinem Schloß Rondomondo nur auf Strümpfen einher, damit ihm nicht noch mehr in die Schuhe geschoben würde.
Am Tor des Schlosses Rondomondo aber war das große Staatswappen des Königs angebracht, zwei Raben und zwei Schlangen überquer mit einem schwarzen und einem weißen Fleck, und als der Zwerg Casimir das sah, hielt er die Zwergziege Mathilde an, die nun schon ganz dünn und zottig war, und die Zwergziege Mathilde sagte:

»Die Raben, die Raben,
die waben und schaben –

Die Schlangen, die Schlangen,
die bangen und hangen –
Schwarzer Fleck,
weißer Fleck,
Ziegendreck!«

Der Zwerghund Willibald aber schüttelte sich die Regentropfen aus dem Fell und drehte sich im Kreise, bis er sich in den Schwanz biß, und sagte: »Wuff, wuff, wuff!« gleich dreimal hintereinander, was bei ihm eine Seltenheit war, und da wußte der Zwerg Casimir, daß wirklich eine richtige Prinzessin im Schloß sein mußte, und er bürstete sich die gestreiften Hosen und die scharfgespitzten Schuhe und zog sich das weichlederne Wams glatt, und hast-du-nicht-gesehen galoppierte er auf der Zwergziege Mathilde durch das kleine Loch im Tor, wo sonst die Katzen ein und aus gehen, hinein in das Schloß Rondomondo, und der Zwerghund Willibald war an der Leine und mußte mit.
Im großen Schloßsaal spielte der Großwesir Fitzli mit dem Großwesir Putzli Karten um die Hand der schönen Prinzessin Sismonda, aber da sie beide gleich tüchtig waren im Falschspielen, gewann gar keiner. Der arme König Mondamin aber ging auf Strümpfen einher, und die schöne Prinzessin Sismonda langweilte sich. Der Zwerg Casimir trat vor sie hin und verbeugte sich tief und sagte: »Hochverehrtes, allerschönstes und zierlichstes Fräulein! Eure Augen sind heller als die Sterne der Nacht, Eure Lippen röter als der edle Stein Rubin, Eure Gestalt süßer als ein Pfannkuchen, und mein ganzes Herz ist in Liebe entbrannt zu Euch…«
»Ach«, sagte die Prinzessin Sismonda, »wie sprecht Ihr so angenehm zu mir, Herr Großwesir Fitzli!«
Der Großwesir Fitzli antwortete: »Ich habe gar nicht zu Euch gesprochen, Prinzessin« und rief: »Trumpf!« und stach die Karte des Großwesirs Putzli.

»Ach«, sagte da die Prinzessin Sismonda, »dann seid Ihr es gewesen, Herr Großwesir Putzli, der so angenehm zu mir gesprochen hat!«
Der Großwesir Putzli antwortete: »Auch ich habe nicht zu Euch gesprochen, Prinzessin; es wird wohl Euer Herr Vater, der alles falsch macht, gewesen sein« und rief: »Trumpf!« und stach seinerseits die Karte des Großwesirs Fitzli.
»Herr Vater Mondamin«, sagte die Prinzessin, »habt Ihr vielleicht so angenehm zu mir gesprochen?«
»Ich?« sagte der abgesetzte König und lief noch rascher auf seinen Strümpfen einher. »Ich sage gar nichts mehr, denn was man heute sagt, kann morgen schon falsch sein.«
»Hochverehrtes, allerschönstes und zierlichstes Fräulein!« rief da der Zwerg Casimir. »Ich bin es, der so angenehm zu Euch gesprochen hat. Ihr müßt die Güte haben, nach unten auf den Teppich zu blicken, wo die zwei roten Rosen sich küssen, dort stehe ich in meinen gestreiften Hosen und scharfgespitzten Schuhen und meinem weichledernen Wams, und ich heiße Casimir.«
Da blickte die Prinzessin nach unten auf den Teppich, wo die zwei roten Rosen sich küßten, und dort stand tatsächlich ein Männlein mit einem feingestutzten Bart, der blond war wie ein Sahnebonbon, und mit Fingernägeln, welche im Gegensatz zu den Fingernägeln der Großwesire Fitzli und Putzli sauber waren.
»Mein lieber Casimir«, sagte da die Prinzessin Sismonda, »wer so angenehm zu mir spricht wie du, verdient gehört zu werden, auch wenn er nur ein Zwerg ist. Allerdings ist mein Vater, der Herr König Mondamin, kürzlich auf Rente gesetzt worden, weil er alles falsch gemacht hat, und das verändert auch meine Lage. Ich müßte daher wissen, ob deine Absichten ehrliche sind, oder ob du nur die Notlage

einer hilflosen Prinzessin ausnutzen willst. Im übrigen heiße ich Sismonda und bin im heiratsfähigen Alter.«

»Ach, hochverehrte und allerschönste und zierlichste Prinzessin Sismonda«, rief da der Zwerg Casimir und richtete sich auf, so hoch er konnte. »Es gibt zwar in der ganzen Zwerggeschichte keinen Fall, daß einer von uns die schöne Prinzessin bekommen hätte, aber wie du dich selber überzeugen kannst, bin ich ja auch kein gewöhnlicher Zwerg in roter Kapuze und grünem und blauem Röcklein, und um dir die Ehrlichkeit meiner Absichten zu beweisen, übergebe ich dir hiermit nicht etwa ein Ringlein, wie andere, gewöhnliche Prinzessinnen es erhalten haben, sondern ein Krönlein, wie es auf der ganzen Welt kein zweites gibt.« Und er öffnete sein braunes Säcklein und nahm seinen letzten Schatz, das Krönlein, heraus und gab es der Prinzessin in die zierliche weiße Hand.

Die Prinzessin Sismonda setzte sich das Krönlein auf ihr Haar und trat vor den Spiegel und sagte: »Ach, welch wunderbares Krönlein, und wie gut es mir steht, und wenn ich nun auch noch ein passendes Halsband dazu hätte und passende Spangen am rechten und am linken Arm und ein passendes Mieder, ich wäre die glücklichste Prinzessin der Welt und könnte mir aussuchen, ob ich den Großwesir Fitzli oder den Großwesir Putzli heiraten will oder gar keinen.« Zu dem Zwerg Casimir aber, der mit bangem Herzen gewartet hatte, sagte sie: »Mein lieber Casimir, das Krönlein ist wirklich allerliebst, aber du wirst verstehen, daß der Großwesir Fitzli wie auch der Großwesir Putzli gleichfalls große Schätze besitzen, welche sie mir geben werden, sobald feststeht, wer das Kartenspiel gewonnen hat. Ich würde daher vorschlagen, du bringst mir ein Halsband, das zu dem Krönlein paßt, und dann sprechen wir uns wieder.«

Da sagte der Zwerg Casimir: »Das wird aber sieben Jahre dauern, denn so lange dauert es, ein Halsband zu machen, das zu dem Krönlein paßt, und wirst du auch sieben Jahre auf mich warten?«

In diesem Augenblick kam der abgesetzte König Mondamin auf seinen Strümpfen einher und sagte: »Mit wem sprecht Ihr eigentlich, Töchterlein, und von wem habt Ihr das Krönlein?«

Und die Prinzessin antwortete: »Sagt lieber nichts, Herr Vater Mondamin, denn was Ihr heute sagt, kann morgen schon falsch sein!« Und zu dem Zwerg Casimir flüsterte sie: »Du hörst, man bemerkt uns. Mach dich fort, ehe der Großwesir Fitzli oder der Großwesir Putzli dich entdecken. Auf Wiedersehen in sieben Jahren!«

Unten im Schloßhof stand die Zwergziege Mathilde und der Zwerghund Willibald an der Leine, und der Zwerg Casimir saß auf, und fort ging's durch das kleine Loch im Tor, wo sonst die Katzen ein und aus gehen, und weiter und immer weiter, ohne Rast und Ruh, ohne Ruh und Rast, bis zu den sieben Bergen und die sieben Berge hinauf bis dorthin, wo das Gestein rot und grün und blau und golden und überhaupt in allen Farben funkelt und wo der Wind durchs Geklüft heult und man ganz dicht am Mond und den Sternen ist.

Der Zwerg Casimir aber war glücklich und summte und sang und tirilierte und jubilierte die ganze Zeit, denn die Prinzessin Sismonda hatte ihm gesagt: »Auf Wiedersehen in sieben Jahren« – und was sind sieben Jahre für einen, der wahrhaft liebt.

Und die Zwergziege Mathilde kletterte wieder über die Felsen und lebte richtig auf, und der Zwerghund Willibald lag wieder auf dem Sessel hinterm Ofen und lebte auch richtig auf, und der Zwerg Casimir ergriff sein Hämmerlein

und schlug aus dem Gestein, wo es am rötesten und grünsten und blauesten und goldensten und überhaupt in allen Farben funkelte, die schönsten Steine; und aus den allerprächtigsten Steinen machte er ein Halsband, das schöner war als alle Damenhalsbänder der Welt und genau zu dem Krönlein paßte, welches er der Prinzessin Sismonda gegeben hatte. Und er arbeitete so eifrig an diesem Halsband, daß er nicht einmal Zeit hatte, nach der Blume Collinia Wollinia zu suchen, mit deren Saft er sich den Bart sahnebonbonblond gefärbt hatte, und als die sieben Jahre um waren und das Halsband fertig war, war sein Bart ganz grau.
Auf den Tag genau nach sieben Jahren also galoppierte der Zwerg Casimir auf der Zwergziege Mathilde und mit dem Zwerghund Willibald an der Leine durch das kleine Loch im Tor, wo sonst die Katzen ein und aus gehen, in den Hof des Schlosses Rondomondo. Dort stieg er ab und sagte der Zwergziege Mathilde, sie möchte ein wenig warten; bald käme er zurück mit der schönen Prinzessin Sismonda. Die Zwergziege Mathilde erwiderte:

»Hopf und Tropf
Geschwollner Kopf
Band am Hals
Allenfalls«

Der Zwerghund Willibald aber drehte sich im Kreise, bis er sich in den Schwanz biß, und sagte: »Wuff!«, denn er glaubte der Ziege kein Wort. Der Zwerg Casimir jedoch eilte hinauf in den großen Schloßsaal, in seiner Hand das braune Säcklein, darin das Halsband lag für die schöne Prinzessin Sismonda. Und da saßen die Großwesire Fitzli und Putzli und spielten immer noch um die Hand der Prinzessin; doch weil es mit den Karten zu nichts geführt

hatte, würfelten sie jetzt; aber sie waren auch gleich tüchtig im Falschwürfeln, und so gewann keiner. Der auf Rente gesetzte König Mondamin ging immer noch auf Strümpfen einher, und die Prinzessin Sismonda langweilte sich.
Der Zwerg Casimir trat vor sie hin auf den Teppich, wo die zwei roten Rosen sich küßten, und rief: »Hochverehrtes, allerschönstes und zierlichstes Fräulein!«
Doch weiter kam er nicht, denn die Prinzessin unterbrach ihn sofort: »Ach, da bist du ja, mein lieber Casimir! Du bist ganz schön grau geworden in diesen sieben Jahren, das muß ich sagen. Doch hast du mir mein Halsband gebracht?«
Aber auch die Prinzessin Sismonda war sieben Jahre älter geworden; ihre Nase hatte sich deutlich zugespitzt, und ihre zarten weißen Hände waren nicht mehr so zart und weiß wie früher, und sie hatte eine Falte am Halse. Der Zwerg Casimir jedoch bemerkte das nicht, denn wer liebt und das Bild der Geliebten im Herzen trägt, der sieht nur das Bild und nicht die Wirklichkeit. Der Zwerg Casimir nahm das Halsband aus dem braunen Säcklein und gab es der Prinzessin in die Hand und sagte: »Legt es um Euren entzückenden schlanken Hals, Prinzessin Sismonda, und schenkt mir dafür Euer Herz.«
Die Prinzessin legte das Halsband um ihren Hals und trat vor den Spiegel und sagte: »Es ist wirklich ein außerordentliches Halsband, und es verdeckt genau die Falte, welche mir schon solche Sorgen gemacht hat. Wenn ich jetzt noch die Armspangen und das Mieder bekäme, wäre ich die glücklichste Prinzessin der Welt und könnte mir aussuchen, ob ich den Großwesir Fitzli oder den Großwesir Putzli heiraten will oder gar keinen.« Und zu dem Zwerg Casimir sagte sie: »Mein lieber Casimir, das Halsband ist tatsächlich von hervorragender Qualität, aber der Großwesir Fitzli ebenso wie der Großwesir Putzli sind in diesen sieben Jahren auch

nicht faul gewesen, und beide haben beträchtliche Schätze erworben, welche sie mir geben werden, sobald feststeht, wer das Würfelspiel gewonnen hat. Ich würde daher vorschlagen, du bringst mir für meinen rechten und für meinen linken Arm Spangen, welche zu dem Krönlein und dem Halsband passen, und dann sprechen wir uns wieder. Allerdings hoffe ich, daß es nicht noch einmal sieben Jahre dauert.«

»Doch«, sagte der Zwerg Casimir, »so lange dauert es leider.«

Da kam der abgesetzte König Mondamin auf seinen Strümpfen einher und fragte: »Mit wem sprecht Ihr da, Töchterlein, und von wem habt Ihr das reizende Halsband, das Eure Falte am Halse verdeckt?«

Und die Prinzessin antwortete: »Sagt lieber nichts, Herr Vater Mondamin, denn wer eine Meinung hat, behält sie besser für sich.« Und zu dem Zwerg Casimir sagte sie: »Troll dich! Und daß du mir nicht ohne die Armspangen zurückkommst! Auf Wiedersehen in sieben Jahren!«

Was blieb da dem Zwerg Casimir anderes übrig, als zu tun, was die Prinzessin Sismonda ihm befohlen hatte, und nach abermals sieben Jahren galoppierte er wieder auf der Zwergziege Mathilde mit dem Zwerghund Willibald an der Leine durch das kleine Loch im Tor, wo sonst die Katzen ein und aus gehen, hinein in den Hof des Schlosses Rondomondo. Aber wie sah er jetzt aus! Über der Arbeit an der Spange für den linken Arm der Prinzessin hatte er keine Zeit gehabt, die Blume Collinia Wollinia zu suchen und sich mit dem Saft den Bart sahnebonbonblond zu färben, und über der Arbeit an der Spange für den rechten Arm der Prinzessin hatte er keine Zeit gehabt, sich die Fingernägel zu säubern, und seine scharfgespitzten Schuhe hatten Löcher in den Sohlen, und die Absätze waren richtig schiefgetreten; ganz mitgenom-

men und heruntergekommen war er. Doch in dem braunen Säcklein trug er die zwei Armspangen für die schöne Prinzessin Sismonda, und die waren so wunderherrlich und funkelten so recht in allen Farben der Berge, daß einem die Augen übergingen, wenn man sie betrachtete.
Der Zwerg Casimir bat die Zwergziege Mathilde, im Schloßhof zu warten, und sagte, diesmal würde er die Prinzessin Sismonda aber bestimmt mitbringen, und die Zwergziege Mathilde erwiderte:

»Mottensterz
Kaltes Herz
Schöne Spange
Hält nicht lange«

Der Zwerghund Willibald aber drehte sich im Kreise, bis er sich in den Schwanz biß, und sagte: »Wuff!«, denn er hielt gar nichts von höheren Gefühlen.
Oben im Schloßsaal saßen die Großwesire Fitzli und Putzli und spielten immer noch um die Hand der Prinzessin; aber da es mit den Karten zu nichts geführt hatte und auch mit den Würfeln zu keiner Entscheidung gekommen war, spielten sie Tricktrack; doch wenn der eine einen falschen Trick anwandte, wandte der andere einen falschen Track an, und so gewann keiner.
Der abgesetzte König Mondamin ging immer noch auf Strümpfen einher, und die Prinzessin Sismonda langweilte sich.
Der Zwerg Casimir stellte sich auf den Teppich, wo die zwei roten Rosen sich küßten, und sagte: »Hochverehrtes, allerschönstes und zierlichstes Fräulein!«
Die Prinzessin hatte ihn bereits bemerkt und sagte: »Du siehst ja nicht gerade aus, wie man aussehen sollte, wenn

man vor eine Prinzessin tritt, mein lieber Casimir! Deine scharfgespitzten Schuhe müßten zum Schuhmacher, und du bist noch älter und grauer geworden, als du letztes Mal warst. Ich hoffe jedoch, daß du die Armspangen gebracht hast.«

Ja, aber auch an der Prinzessin Sismonda waren diese sieben Jahre nicht spurlos vorbeigegangen; ihre Nase hatte sich noch beträchtlich schärfer zugespitzt, und an den Augen hatte sie Runzeln, und das Fleisch ihrer zierlichen Arme war schon ein wenig verwelkt. Dem Zwerg Casimir jedoch erschien sie immer noch so, wie er sie gesehen hatte, als er das erste Mal vor sie hintrat, denn er liebte sie, und außerdem stand er unten auf dem Teppich, und von da war es eine ziemliche Entfernung bis hinauf zu der spitzen Nase der Prinzessin und ihren Runzeln und ihren welken Armen. So nahm er denn die beiden Spangen aus dem braunen Säcklein und gab sie der Prinzessin in die Hand und sagte: »Tut sie um Eure zierlichen, weißen, süßen Arme, Prinzessin Sismonda, und schenkt mir dafür Euer Herz.«

Die Prinzessin tat die linke Spange um ihren linken Arm und die rechte Spange um ihren rechten Arm und trat vor den Spiegel und sagte: »Die Spangen sind wahrhaft köstlich, ich habe nie so prächtige gesehen, und sie verdecken genau die welken Stellen an meinen Armen, welche mir schon solche Sorgen gemacht haben. Wenn ich jetzt noch das Mieder bekäme, wäre ich die glücklichste Prinzessin der Welt und könnte mir aussuchen, ob ich den Großwesir Fitzli oder den Großwesir Putzli heiraten will oder gar keinen.«

Der Zwerg Casimir stand stumm auf dem Teppich, wo die zwei roten Rosen sich küßten, und wartete und hoffte. Die Prinzessin aber sagte zu ihm: »Mein lieber Casimir, du hast mehr als mein Herz verdient. Das Krönlein, das du mir gegeben hast, war zauberhaft, und das Halsband war wunderherrlich, und die Spangen für meinen linken Arm und für meinen rechten Arm sind geradezu einzigartig. Aber du wirst zugestehen, daß ich auch eine zauberhafte und wunderherrliche und einzigartige Prinzessin bin und daß ich nun noch ein Mieder haben sollte, welches zu meinem Krönlein und meinem Halsband und meinen Spangen paßt. Oder glaubst du etwa nicht?«

»Doch«, sagte der Zwerg Casimir, »das glaube ich schon.«

»Außerdem«, fuhr die Prinzessin fort, »sind auch der Großwesir Fitzli ebenso wie der Großwesir Putzli in diesen sieben Jahren nicht faul gewesen und haben ein jeder weitere große Schätze erworben, welche sie mir geben werden, sobald feststeht, wer das Tricktrackspiel gewonnen hat.«

»Aber für ein solches Mieder«, sagte der Zwerg Casimir, »das zu dem Krönlein und dem Halsband und den Armspangen paßt und das sich anschmiegt an die allerschönste und zierlichste Gestalt der Prinzessin Sismonda, würde man noch einmal sieben Jahre brauchen!«

»Vielleicht kannst du dich etwas sputen«, tröstete die Prinzessin, »und schaffst es in sechs Jahren elf Monaten drei Wochen sechs Tagen und dreiundzwanzig Stunden.«

»Ich werde es versuchen«, sagte der Zwerg Casimir.

Da kam der abgesetzte König Mondamin auf seinen Strümpfen einher und fragte: »Mit wem sprecht Ihr da, Töchterlein, und von wem habt Ihr die kostbaren Armspangen, welche die welken Stellen an Euren Armen verdecken?«

Und die Prinzessin antwortete: »Sagt lieber nichts, Herr Vater Mondamin, denn wer schweigt, dem kann man auch nichts am Zeuge flicken.« Und zu dem Zwerg Casimir sagte sie: »Ich dachte, du wolltest dich sputen! Auf Wiedersehen in sieben Jahren!«

Ach, diese sieben Jahre waren die härtesten für den Zwerg

Casimir. Er summte und sang nicht mehr, und er tirilierte und jubilierte nicht mehr, drei Jahre lang kletterte er mit seinem Hämmerlein durch das Geklüft ganz oben auf den sieben Bergen und sammelte die schönsten Steine, und sein feines weichledernes Wams zerriß ihm und zerschliß ihm, und drei Jahre lang saß er und schnitt die Steine und schliff sie und polierte sie, und seine enganliegende gestreifte Hose zerriß ihm und zerschliß ihm, und dann brauchte er noch elf Monate drei Wochen sechs Tage und dreiundzwanzig Stunden zum Nähen und Steppen des Mieders. Dann aber war es fertig, und es war so weich und geschmeidig, und die Steine daran funkelten so rot und grün und blau und golden und überhaupt in allen Farben, daß einem die Augen übergingen und man meinen konnte, der Zwerg Casimir habe ein Stück Sonne eingefangen für seine geliebte Prinzessin Sismonda.

Der Zwerg Casimir aber bestieg die Zwergziege Mathilde und nahm den Zwerghund Willibald an die Leine, und holterdipolter ging es den Berg hinab, daß der Staub flog und eine Bergschnecke, die gerade vorbeikam, rasch die Hörner einziehen mußte, sonst hätte es sicher einen Unfall gegeben. Und dann ritt er ein in das Schloß Rondomondo durch das kleine Loch im Tor, wo sonst die Katzen ein und aus gehen, und auf dem Schloßhof ließ er die Zwergziege Mathilde stehen mit dem Zwerghund Willibald an der Leine und sagte: »Diesmal bringe ich die Prinzessin Sismonda aber ganz bestimmt mit, ihr werdet es sehen.«

Da sagte die Zwergziege Mathilde:

»Dreimal dumm
macht nicht gescheit.
Kehre um,
wechsel das Kleid!«

Der Zwerghund Willibald aber drehte sich im Kreise, bis er sich in den Schwanz biß, und sagte: »Blaff!«, während er doch sonst immer »Wuff!« sagte, doch der Zwerg Casimir hatte keine Zeit, darüber nachzudenken, denn nun schlug es dreizehn vom Schloßturm, und da waren die letzten sieben Jahre um, und er mußte hinauf in den Schloßsaal.

Der Großwesir Fitzli und der Großwesir Putzli aber saßen nicht mehr und spielten nicht mehr um die Hand der Prinzessin, denn mit dem Kartenspielen hatte es zu nichts geführt und mit dem Würfeln und mit dem Tricktrack auch nicht. Sie standen vielmehr einander gegenüber, und jeder hatte einen großen Spieß in der Hand, und gerade als der Zwerg Casimir auf den Teppich trat, wo die zwei roten Rosen sich küßten, spießten sie einander auf und fielen um.

Als der König Mondamin das sah, hörte er auf, auf Strümpfen einherzugehen, und zog sich seine Pantoffeln an, und es war auch höchste Zeit, denn seine Strümpfe waren ganz durchgelaufen. Die Prinzessin aber sagte: »Man sieht doch, daß die Welt sich ändert, und was gestern war, kommt heute nicht mehr. Ich möchte nur wissen, wo mein lieber Casimir bleibt, denn jetzt könnte ich ihn brauchen.«

Der Zwerg Casimir machte eine tiefe Verbeugung und rief: »Hochverehrtes, allerschönstes und zierlichstes Fräulein!«

»Ach, da bist du ja!« sagte die Prinzessin. »Es wäre zwar besser gewesen, wenn du die Blume Collinia Wollinia gefunden und dir den Bart sahnebonbonblond gefärbt hättest und wenn du die Fingernägel gesäubert und dir scharfgespitzte Schuhe und enganliegende gestreifte Hosen und ein ledernes Wams angezogen hättest, aber wenn du mir das Mieder gebracht hast, das zu meinem Krönlein und meinem Halsband und meinen Armspangen paßt und das sich anschmiegt

an meine allerschönste und zierlichste Gestalt, will ich dir mein Herz schenken, denn die Großwesire Fitzli und Putzli sind beide umgefallen und kommen nicht mehr in Frage.«
Da nahm der Zwerg Casimir das Mieder aus dem braunen Säcklein und hielt es der Prinzessin Sismonda hin. Und weil er so aufgeregt war, daß er nun doch noch sein Glück finden sollte, nach dreimal sieben Jahren, zitterte ihm die Hand, und das Mieder fiel auf den Teppich, genau dort, wo die zwei roten Rosen sich küßten. Das Mieder aber war so wunderschön und funkelte und blitzte und leuchtete so herrlich, daß die Prinzessin vergaß, daß sie eine Prinzessin war, und sich gierig danach bückte.
Und da zersprang das Bild, das der Zwerg Casimir von der schönen Prinzessin in seinem Herzen trug, und er sah sie ganz dicht vor sich, wie sie wirklich war nach dreimal sieben Jahren, und er sagte: »Ach, Prinzessin Sismonda – hättest du dich begnügt mit dem Krönlein, das ich dir schenkte, wie schön wärest du gewesen! Aber du wolltest das Halsband; das hat mich meinen sahnebonbonblonden Bart gekostet, dich aber sieben Jahre. Hättest du dich mit dem Halsband begnügt, wie liebenswert wärest du gewesen! Aber du wolltest die Armspangen; das hat mich meine Fingernägel und meine scharfgespitzten Schuhe gekostet, dich aber weitere sieben Jahre. Hättest du dich mit den Armspangen begnügt, wie weise wärest du gewesen! Aber du wolltest auch das Mieder; das hat mich meine enganliegenden gestreiften Hosen und mein weichledernes Wams gekostet, dich aber noch einmal sieben Jahre. Jetzt hast du eine ganz spitze Nase und Runzeln an den Augen und fleckige Hände und welke Arme, und das Mieder schlottert an dir wie die Fahne am Mast, wenn kein Wind weht.«
In diesem Augenblick kam der abgesetzte König Mondamin

in seinen Pantoffeln einher und sagte: »Wer piepst denn so auf unserem Teppich, wo die roten Rosen sich küssen, und woher habt Ihr das Mieder, Töchterlein, das an Euch schlottert wie die Fahne am Mast, wenn kein Wind weht?«

»Ach«, sagte die Prinzessin Sismonda, »da piepst eine Maus, und das Mieder ist ein alter Fetzen, der nichts wert ist. Also sagt lieber nichts, Herr Vater Mondamin, denn wer nichts sagt, dem stopft man auch nicht das Maul.«

Da nahm der König einen von seinen Pantoffeln und warf ihn dahin, wo die Maus gepiepst hatte. Aber er traf den Zwerg Casimir nicht, denn der war längst fort und ritt auf der Zwergziege Mathilde durch das Loch im Tor, wo sonst die Katzen ein und aus gehen, hinaus aus dem Schloß Rondomondo und durch Obermondanien und Untermondanien und immer weiter, und der Zwerghund Willibald an der Leine lief hinterher.

Da kamen sie in unseren Garten, und die Friederike schneiderte dem Zwerg Casimir eine rote Kapuze und ein blaues Röcklein, und der Peter gab ihm einen Fliegenpilz zum Draufsitzen, und die Zwergziege Mathilde steht neben ihm, und der Zwerghund Willibald ist an der Leine. Ihr könnt sie selber sehen, alle drei, und wenn ihr lange genug wartet, dreht sich der Zwerghund Willibald im Kreise, bis er sich in den Schwanz beißt, und sagt: »Wuff!«

Erich Hückniesel und die Fußballfee

Es ist noch gar nicht so lange her, da lebte in unserer Stadt ein junger Mann, der hieß Erich Hückniesel und war von Beruf Schneider. Die ganze Woche über saß er mit gekreuzten Beinen auf dem Tisch und nähte Hosen, am Samstagnachmittag aber trainierte er auf dem Fußballfeld, und am Sonntag spielte er für Eintracht 07. Das heißt, um der Wahrheit die Ehre zu geben, er spielte nicht, sondern er war nur immer Ersatzmann; denn da er die ganze Woche über mit gekreuzten Beinen auf dem Tisch saß und Hosen nähte, hatte er Beine wie geknickte Streichhölzer, und sein Brustkorb war flach und sein Rücken gekrümmt, so daß die Leute ihn den krummen Erich hießen und lachten, wenn er aufs

Spielfeld kam, und der Vereinstrainer ihn vertrösten mußte: »Nächstes Mal, Erich, nächstes Mal lasse ich dich vielleicht aufs Feld, aber heute bist du nicht in Kondition.« Der arme Erich Hückniesel aber wurde immer blasser und stiller und seine Nase immer spitzer, und wenn seine Frau Liesbeth ihn fragte: »Was ist denn nur los mit dir, Erich?«, dann sagte er: »Ach, wenn ich doch nur einmal hören könnte, wie die Leute rufen:

›Hückniesel vor!
Noch ein Tor!‹,

aber statt dessen heißen sie mich den krummen Erich und lachen über mich, und ich komme nicht einmal ins Spiel.«
Das hörte eine gute Fee, die für Fußballer zuständig war, und am nächsten Sonntag, zwei Stunden vor dem Spiel Eintracht 07 gegen 1. FC Roßmannsdorf, stand sie plötzlich in der guten Stube bei Hückniesels und sagte: »Erich, ich bin gekommen, dir zu helfen.«
»Nanu«, sagte Erich Hückniesel, »wie sind Sie denn ins Zimmer gekommen, Frau Wosniakowsky, wo es doch nicht geklingelt hat und meine Frau gar nicht an der Wohnungstür war und ich auch nicht?«

»Darüber zerbrich dir mal nicht den Kopf, Erich«, sagte die Fee. »Außerdem bin ich nicht Frau Wosniakowsky, ich bin die Fußballfee, und ich bin gekommen, dir zu helfen.«
»Fußballfee!« sagte Erich Hückniesel. »Sie sehen aber haargenau aus wie die Frau Wosniakowsky, die den Zeitungsstand hat an der Ecke und bei welcher ich immer die Fußballzeitung kaufe mit dem Toto drin, und mir kann sowieso keiner helfen außer dem Trainer, und der will nicht.«
»Doch«, sagte die Fußballfee, »ich kann.«
»Da bin ich aber neugierig«, sagte Erich Hückniesel, »wie das geschehen soll.«
»Ich gebe dir einen goldenen Fuß«, sagte die Fußballfee.
»Einen goldenen Fuß!« sagte Erich Hückniesel. »Und was wird meine Frau dazu sagen, wenn ich mit einem goldenen Fuß am Bein neben ihr im Bett liege?«
»Sie muß es ja nicht wissen«, sagte die Fußballfee. »Sag ihr einfach, du hast kalte Füße, und behalte die Socken an im Bett.«
»Ja«, sagte Erich Hückniesel, »das ließe sich eventuell machen.«
»Aber es hängt eine Bedingung daran«, sagte die Fußballfee. »Du darfst kein Geld nehmen. Pokale und Kränze und Medaillen und Ehrenbriefe ja, aber kein Geld, sonst ist der goldene Fuß ab und alles wieder wie zuvor. Klar?«
»Klar«, sagte Erich Hückniesel, und bevor er wußte, wie ihm geschah, bückte sich die Fußballfee und berührte mit ihrem kleinen Finger seinen rechten Fuß, und er spürte ein gar merkwürdiges Kribbeln und Krabbeln darin, und ein Ziepen und Ziehen, und dann war er auf einmal allein, und seine Frau Liesbeth stand in der Tür und fragte: »Mit wem hast du denn geredet?«
Erich Hückniesel lüpfte seine Socke ein wenig vom Fuß und

lugte verstohlen und sah, daß er tatsächlich einen goldenen Fuß hatte, und sagte: »Mit der Frau Wosniakowsky, die den Zeitungsstand hat an der Ecke und bei welcher ich immer die Fußballzeitung kaufe mit dem Toto drin.«

»Ach«, sagte seine Frau Liesbeth, »was hat die Alte denn gewollt?«

»Sie hat mir geraten, die Socken anzubehalten im Bett, sollte ich kalte Füße haben«, sagte Erich Hückniesel, »und von jetzt an werde ich alle Spiele gewinnen.«

»Hör dir den Mann an!« sagte seine Frau Liesbeth. »Einen krummen Rücken hat er und einen flachen Brustkorb und Beine wie geknickte Streichhölzer, aber von jetzt an will er alle Spiele gewinnen. Du bist ja verrückt, Erich.« Und dann machte sie sich fertig und zog ihren alten häßlichen Übergangsmantel an, denn es wurde doch schon empfindlich kühl, sobald die Sonne weg war, und setzte sich ans Steuer des alten klapprigen Autos, das Erich Hückniesel gebraucht gekauft hatte, und fuhr mit ihrem Mann zum Fußballplatz.

Das Spiel Eintracht 07 gegen 1. FC Roßmannsdorf verlief aber sehr schlecht für Eintracht. Bei der Halbzeit stand es schon 4:0 gegen Eintracht und in der 111. Spielminute, mit nur noch neun Minuten zu spielen, gar 7:0, und der Trainer machte ein Gesicht, als hätte er Essig auf der Zunge.

Da faßte Erich Hückniesel sich ein Herz und ging hin zu ihm und sagte: »Laß mich aufs Feld, ich schaff's bestimmt noch, denn ich habe einen goldenen Fuß.«

»Einen goldenen Fuß?« sagte der Trainer. »Einen krummen Rücken hast du und einen flachen Brustkorb und Beine wie geknickte Streichhölzer, aber das Spiel ist sowieso nicht mehr zu retten, also geh meinetwegen«, und in der 113. Spielminute tauschte er den Libero Konrad Stötzner aus gegen Erich Hückniesel, und die Leute riefen: »Da kommt

ja der krumme Erich!« und lachten, aber da rollte der Ball wie zufällig Erich Hückniesel vor den goldenen Fuß, und er trat ihn aus dem Mittelfeld heraus direkt in die obere linke Ecke des Roßmannsdorfer Tors, und die Leute waren auf einmal ganz still, und der Schiedsrichter sagte: »Das darf doch nicht wahr sein«, aber es war das erste Tor in dem Spiel für Eintracht 07.

Und nun ging es Schlag auf Schlag. In den nächsten sechs Minuten war Erich Hückniesel überall auf dem Feld, vorn und hinten und rechts und links, und er schoß die abenteuerlichsten Bälle, sogar solche, die mitten in der Luft einen Knick machten, und die Leute wurden immer erregter und tobten richtig vor Begeisterung und riefen:

»Hückniesel vor!
Noch ein Tor!«,

und in der 119. Spielminute trat Hückniesel direkt aus der Ecke heraus einen gekurvten Ball, der unhaltbar für den

gegnerischen Torwart ins Netz ging und den Ausgleich brachte, und das 8:7 für Eintracht, das Siegestor, kam genau zehn Sekunden vor dem Abpfiff, natürlich auch von Hückniesel.
Kann man sich einen glücklicheren Menschen vorstellen als unseren Erich? Seine Klubkameraden und die Fans trugen ihn auf den Schultern, und wehe, wenn einer ihn noch den krummen Erich zu nennen wagte, und er bekam einen Ehrenbrief, darauf stand: »Dem Retter von Eintracht 07«; nur seine Frau Liesbeth wunderte sich, warum er immer in Socken neben ihr im Bett schlief, denn wer solche Wunder auf dem Fußballfeld vollbrachte, konnte doch wohl nicht gut an kalten Füßen leiden. Während der Woche aber saß Erich Hückniesel weiter mit gekreuzten Beinen auf dem Tisch und nähte Hosen, und wenn er zu dem Zeitungsstand an der Ecke ging, um seine Fußballzeitung zu kaufen, blinzelte er der Frau Wosniakowsky so recht vertraulich zu, die aber schien das nicht zu bemerken und sagte nur: »Sind Sie das da auf der Vorderseite der Zeitung, Herr Hückniesel?«
Am nächsten Sonntag, gegen Fortuna Priesewitz, war Hückniesel von Anfang an dabei, und Fortuna ging auf eine Art unter, wie es die Leute noch nie gesehen hatten: Von 26 Toren gegen das unglückliche Fortuna schoß Hückniesel 25; das 26., als eine Art Ehrentor, überließ er Konrad Stötzner. Es war klar, daß ein solcher Spieler zu groß war für einen mittleren Provinzverein wie Eintracht 07, und in Anbetracht einer Summe, wie sie der Klubvorsitzende von Eintracht noch nie auf einem Haufen gesehen hatte, wechselte Erich Hückniesel über zu SV Aufwärts, und von da, für eine noch größere Summe in die Vereinskasse, zu VfB Grünweiß, dem Tabellenzweiten der Spitzenliga, den er mit zwei haushoch gewonnenen Spielen alsbald in die Spitzenposition brachte.

Und wenn die Herren von den Vereinen ihn fragten: »Nun, Hückniesel, wieviel möchten Sie denn nun haben?« und die Geschäftsleute, die mit seinem Namen Reklame machten für ihre Waren, von ihm wissen wollten: »Nun, Hückniesel, wie wär's denn mit ein paar Tausendern?«, erklärte er bescheiden, nein, danke, er wolle nichts, und das sagte er auch dem Besitzer der Fabrik, wo die T-Shirts hergestellt wurden mit seinem Bild drauf und der Inschrift:

»Hückniesel vor!
Noch ein Tor!«

»Und Sie wollen wirklich nichts, Hückniesel?« fragten die Herren ungläubig. »Wirklich ganz und gar nichts?«
»Ich bin doch Schneider«, antwortete Erich Hückniesel dann wohl. »Ich sitze die Woche über mit gekreuzten Beinen auf meinem Tisch und nähe Hosen, und außerdem habe ich meinen goldenen Fuß.«
»Ja, richtig und wahrhaftig«, lachten da die Herren. »Er hat einen goldenen Fuß, was braucht er da unser Geld.«
Frau Liesbeth aber war gar nicht dieser Meinung. Sie sagte vielmehr zu ihrem Mann: »Bist du verrückt, Erich? Wir wohnen noch immer in unsrer alten kleinen Wohnung und fahren in unserm alten klapprigen Auto, und ich trag' immer noch meinen alten häßlichen Übergangsmantel, während die Vereine, für die du spielst, immer reicher werden und die Geschäftsleute, die mit deinem Namen Reklame machen für ihre Waren, das Geld nur so scheffeln. Die Leute lachen schon über uns und sagen: Mit dem ist doch was nicht richtig.«
»Aber sieh doch, liebe Frau«, sagte Erich Hückniesel, »die vielen schönen Pokale und Kränze und Medaillen auf dem Brett an der Wand, das ich angebracht habe, und die vielen

schönen Ehrenbriefe auf der Tapete an der Wand, die ich angeklebt habe. Bedeutet das etwa nichts?«

»Aber was kann ich mir dafür kaufen?« fragte Liesbeth. »Also entweder du bringst das große Geld ins Haus, und zwar bald, oder ich sag' dir Adieu, Erich, und du siehst mich nie wieder.«

Da wußte der arme Erich Hückniesel überhaupt nicht, was er tun sollte, und da seine Frau Liesbeth ihn beim Frühstück plagte, wenn er seine Semmel kaute, und beim Mittagessen, wenn er seine Suppe löffelte, und beim Nachtmahl, wenn er sein Bierchen trank, und gar nicht von ihm abließ, so dachte er sich schließlich, wenn er das Geld nehmen würde und es nur recht geheimhielte, so würde es schon gehen. Und als der Vorstand von VfB Grünweiß ihm sagte, daß ein gewisses Interesse für ihn bestünde bei Real Madrid und ob er nicht gern ins Ausland übersiedeln würde mit seiner Frau Liesbeth, und als die Herren ihm gar einen großen Briefumschlag mit vielen schönen Geldscheinen drin über den Tisch zuschoben, da steckte er den Umschlag hastig in die hintere rechte Hosentasche und meinte, die Fee wird's schon nicht merken.

Wie er aber nach Haus kam voller Freude, um seiner Frau Liesbeth das viele Geld zu geben, sagte sie ihm: »Die Frau Wosniakowsky vom Zeitungsstand an der Ecke sitzt in der guten Stube, um mit dir zu reden, doch mir sagt sie nicht, was sie will.«

»Sie wird schon ihre Gründe haben«, sagte Erich Hückniesel, und sein Gesicht wurde plötzlich ganz blaß und seine Nase ganz spitz, »aber kümmere dich nicht darum, und hier ist das Geld, das du immer gewollt hast.«

Die Frau Liesbeth nahm den großen Briefumschlag und sah das viele Geld und juchzte auf, Erich Hückniesel aber ging hinein in sein Wohnzimmer und grüßte höflich und fragte die Fußballfee, was sie denn wolle.

»Erich«, sagte die Fußballfee, »wo hast du das Geld her, das sich in deiner hinteren rechten Hosentasche befindet?«
»In meiner hinteren rechten Hosentasche befindet sich kein Geld«, sagte Erich Hückniesel. »Bitte überzeugen Sie sich selber, Frau Wosniakowsky.«
»Dann hast du's deiner Frau Liesbeth schon zugesteckt«, sagte die Fußballfee. »Außerdem bin ich nicht die Frau Wosniakowsky, sondern die Fußballfee, und nun muß ich dir leider deinen goldenen Fuß wieder wegnehmen.« Und bevor er wußte, wie ihm geschah, bückte sich die Fußballfee und berührte mit ihrem kleinen Finger seinen goldenen Fuß, und er spürte ein gar merkwürdiges Kribbeln und Krabbeln darin, und ein Ziepen und Ziehen, und dann war er auf einmal allein, und seine Frau Liesbeth stand in der Tür und sagte: »Nanu, die Alte ist doch schon weg, was hat sie denn gewollt?«
Erich Hückniesel lüpfte seine Socke ein wenig vom Fuß und lugte verstohlen und sah, daß er tatsächlich keinen goldenen Fuß mehr hatte, und sagte: »Sie hat mir geraten, die Socken auszuziehen im Bett, sollte ich warme Füße haben, und von jetzt an werde ich alle Spiele verlieren.«
»Hör dir den Mann an!« sagte seine Frau Liesbeth. »Wo alle Leute rufen:

›Hückniesel vor!
Noch ein Tor!‹

und wir endlich Geld haben. Du bist ja verrückt, Erich.« Und dann machte sie sich fertig und tat das viele Geld in ihre Handtasche und ging einkaufen, und als sie zurückkam nach Hause mit all den schönen neuen Sachen, die sie eingekauft hatte, sah sie, daß ihr Mann schon zu Bett gegangen war und daß er auch seine Socken nicht mehr an den Füßen hatte im

Bett, und sie sagte: »Das ist gut, Erich, daß du endlich wieder warme Füße hast.«
Beim nächsten Spiel von VfB Grünweiß aber enttäuschte Erich Hückniesel die Fans und schoß nicht nur kein einziges Tor, sondern verpatzte auch sämtliche Bälle, die seine Klubkameraden ihm zuspielten, so daß die Leute lachten und ihn wieder den krummen Erich hießen und der Trainer ihn in der zweiten Halbzeit vom Feld nehmen mußte. Und solches Versagen wiederholte sich von nun an ständig, so daß es nicht lange dauerte, bis er wieder zurück war bei Eintracht 07, wo er angefangen hatte, als er noch keinen goldenen Fuß hatte; aber spielen durfte er auch bei Eintracht nicht mehr, denn der Trainer sagte, er sei wohl nicht in Kondition und tauge nur gerade noch zum Ersatzmann. Und auch das viele Geld, das er bekommen hatte, half ihm nichts, denn seine Frau Liesbeth konnte es nicht zusammenhalten, und sie gab es links aus und rechts aus für lauter Firlefanzereien, und dann war es weg.
Und Erich Hückniesel wurde immer blasser und stiller, und seine Nase wurde immer spitzer, und als ihm seine Frau Liesbeth gar sagte: »Es ist nichts mehr los mit dir, deine Beine sind wie geknickte Streichhölzer, und dein Brustkorb ist flach und dein Rücken gekrümmt, du bist wahrhaftig der krumme Erich«, da seufzte er herzzerbrechend und sagte: »Ach wenn ich doch nur noch ein eines, einziges Mal hören könnte, wie die Leute rufen:

›Hückniesel vor!
Noch ein Tor!‹,

ich würde wohl mein Leben dafür hingeben.«
Am nächsten Sonntag aber, beim Spiel Eintracht 07 gegen Kickers Distelbach, als es wieder mal bei der Halbzeit 4:0

und in der 111. Spielminute 7:0 gegen Eintracht stand, bemerkte er plötzlich die Fußballfee neben sich auf der Spielerbank. »Na, wie ist es, Erich«, sagte die Fußballfee, »stehst du diesmal zu deinem Wort?«
»Das werde ich wohl«, entgegnete Erich Hückniesel, »wenn die Leute nur noch ein eines, einziges Mal rufen:

›Hückniesel vor!
Noch ein Tor!‹«

Die Fußballfee bückte sich, und bevor Erich Hückniesel wußte, wie ihm geschah, berührte sie mit ihrem kleinen Finger seinen rechten Fuß, und er spürte ein gar merkwürdiges Kribbeln und Krabbeln darin, und ein Ziepen und Ziehen, und wie er seine Socke ein wenig vom Fuß lüpfte und verstohlen lugte und sah, daß er tatsächlich seinen goldenen Fuß wiederhatte, da stand er auf von der Spielerbank und ging hin zu dem Trainer und sagte: »Laß mich aufs Feld, ich schaff's bestimmt noch, denn ich habe meinen goldenen Fuß wieder.«
»Du bist ja verrückt, Erich«, sagte der Trainer, aber weil das Spiel sowieso nicht mehr zu retten war und er sich erinnerte, wie es damals begonnen hatte mit der Glückssträhne für Eintracht, tauschte er in der 113. Spielminute den Libero Konrad Stötzner aus gegen Erich Hückniesel.
Und nun ging es Schlag auf Schlag. Wie durch ein Wunder kam der Ball immer wieder vor Erich Hückniesels goldenen Fuß, und jedesmal verwandelte er mit den abenteuerlichsten Schüssen zum Tor, und die Leute tobten vor Begeisterung und riefen:

»Hückniesel vor!
Noch ein Tor!«,

und in der 119. Spielminute schoß er den Ausgleichstreffer und genau zehn Sekunden vor dem Abpfiff das achte, das Siegestor für Eintracht.
Im Nu war Erich Hückniesel umringt von seinen Klubkameraden und den Fans, und sie wollten ihn auf ihre Schultern heben, aber irgendwie war er nicht recht greifbar, und der Trainer sagte: »Was will denn die Frau Wosniakowsky von dem Zeitungsstand an der Ecke mitten auf dem Spielfeld?«, und dann sahen die Leute, wie Erich Hückniesel und Frau Wosniakowsky Hand in Hand nach oben entschwebten, fast als hätten sie einen Raketenantrieb, und immer kleiner wurden, bis sie nur noch Pünktchen waren am Himmel, und schließlich waren auch die weg.
Es wurde viel geredet seinerzeit über das Verschwinden von Erich Hückniesel und viel geschrieben in den Zeitungen, denn je weniger die Leute wissen von einer Sache, desto

mehr Wind machen sie davon. Wir aber haben ja erlebt, was mit Erich Hückniesel wurde, und wenn ihr des Nachts, bei klarem Wetter, nach oben schaut, könnt ihr ihn auch ohne Fernrohr erkennen – ein kleines Stück links vom Großen Bären und dann ein kleines Stück schräg hinauf, dort schwebt er in seinem Fußballdress aus kleinen goldenen Sternen und mit seinem goldenen Fuß, und der große goldene Stern, der gerade quer über den Himmel fliegt, das ist der Fußball, und Erich Hückniesel schießt ihn unhaltbar ins Tor.

Der zerstreute Kuckuck

»Ach«, sagte der Kuckuck zu der Elster, »ich kann meine Kinderchen wieder nicht finden.«
»Das ist jedes Jahr so bei Ihnen«, sagte die Elster. »Dabei ist die Sache doch sehr einfach.« Die Elster hob ihr Hinterteil vom Nest. »Sehen Sie, man muß sie nur in ein Nest auf dem Ast legen, dann hat man sie alle beisammen, und es passiert nichts.«
»Ja«, sagte der Kuckuck niedergeschlagen, »da haben Sie ganz recht. Und jeden Frühling nehme ich mir vor, es auch so zu machen. Aber ich bin der zerstreuteste Vogel der Welt, obwohl ich ausgezeichnet zählen kann, von eins bis fünfundachtzig, ohne Unterbrechungen, und die Men-

schen sogar ihre Lebensjahre nach meiner Zählung berechnen. Aber trotzdem kann ich meine Kinderchen nicht finden.«
»Irgendwo werden sie schon sein«, sagte die Elster und plusterte sich. »Sie haben doch welche gelegt, oder?«
»Aber natürlich«, sagte der Kuckuck, »ich erinnere mich genau, ich kann von eins bis fünfundachtzig zählen, aber so viele werden es wohl nicht gewesen sein.«
»Gott behüte uns, fünfundachtzig Kuckucke«, sagte die Elster. »Ich habe auch schon dies und das liegen lassen, einen goldenen Ring oder etwas anderes, was glänzt, aber

meine Kinderchen, nein, dazu bin ich zu verantwortungsvoll. Sehen Sie nur, sie rühren sich schon in der Schale, besonders das eine, und bald werden sie herauskommen, und ich werde sie füttern, wie es sich gehört, und ihnen beibringen, wie man goldene Ringe mitnimmt und anderes, was glänzt.«
»Sie machen mich ganz traurig«, sagte der Kuckuck. »Auch ich würde gerne den meinigen beibringen, wie man von eins bis fünfundachtzig zählt, aber ich kann sie leider nicht finden.«
Da kam die Nachteule des Wegs von einem Nachtausflug, den sie unternommen hatte, und gesellte sich gleichfalls zur

Elster, und bald erfuhr sie von der Verlegenheit des Kukkucks. »Nein«, sagte sie, »das ist mir unverständlich, obwohl ich sogar bei Nacht sehen kann und daher bekanntlich sehr weise bin. Wo es doch so viele schöne Löcher gibt in so vielen hohlen Bäumen und man nur eines auszusuchen braucht für seine Kinderchen, dann hat man sie alle beisammen, und es passiert nichts.«

»Daran habe ich auch schon gedacht«, sagte der Kuckuck, »aber wie soll man sich erinnern, welches Loch in welchem Baum es war, wo es doch so viele Bäume mit so vielen Löchern gibt?«

»Sie können immerhin ausgezeichnet zählen«, erwähnte die Elster, »von eins bis fünfundachtzig, ohne Unterbrechungen, und die Menschen berechnen sogar ihre Lebensjahre nach Ihrer Zählung.«

»Zählen allein nützt nichts«, sagte der Kuckuck, »man muß auch wissen, bei welchem Loch in welchem Baum man angefangen hat zu zählen, und wie soll man das wissen, wo es so viele Löcher in so vielen Bäumen gibt?«

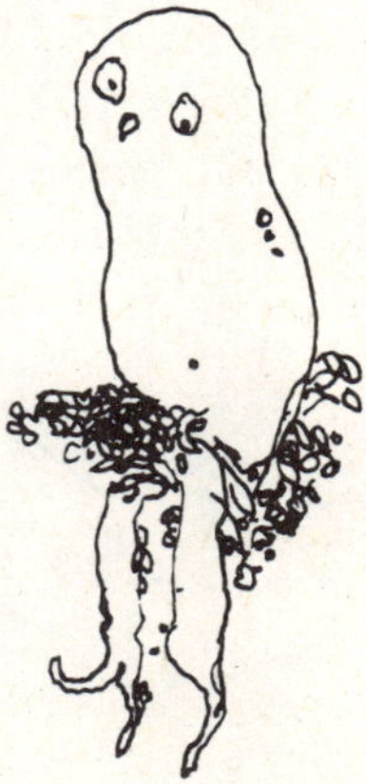

»Ich wünschte, ich könnte überhaupt zählen«, sagte die Elster, »denn ich weiß nicht, ob ich vier Kinderchen gelegt habe oder fünf, aber es wird schon stimmen.«

»Das erinnert mich«, sagte die Nachteule, »ich muß zurück zu meinem Loch in meinem Baum und nach meinen Kinderchen sehen. Sie rühren sich schon in der Schale, besonders das eine, und bald werden sie herauskommen, und ich werde sie füttern, wie es sich gehört, und ihnen beibringen, wie man bei Nacht sehen kann und daher sehr weise ist.«

»Sie bringen mir mein Unglück so recht zu Bewußtsein«, sagte der Kuckuck. »Wie gerne würde ich den meinigen beibringen, wie man von eins bis fünfundachtzig zählt, aber ich kann sie leider nicht finden.«

»Irgendwo werden sie schon sein«, sagte die Nachteule und flog, wie es ihre Art war, lautlos davon.

Der Kuckuck bedachte, welch schönes geregeltes Leben die Elster führte und ebenso die Nachteule, mit Kinderchen im Nest auf dem Ast beziehungsweise im Loch im Baum, während er immer noch auf der Suche war nach den seinigen, aber da kam die Schwalbe angezwitschert auf dem Rückweg vom Mückenfangen und gesellte sich gleichfalls zu der Elster und erfuhr bald von der Verlegenheit des Kuckucks.

»Einen Kuhstall müssen Sie haben«, sagte die Schwalbe, »einen Kuhstall bei Bauer Mönkemeyer, da legen Sie Ihre

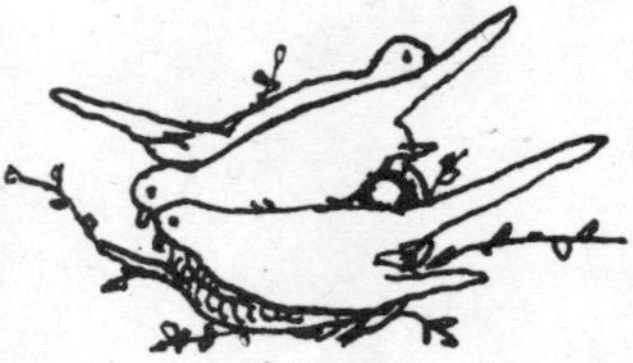

Kinderchen ins Gebälk unterm Dach, und dann hat man sie alle beisammen, und es passiert nichts. Sehen Sie«, fuhr die Schwalbe fort, »ich bin viel auf Reisen, bis nach Afrika reise ich im Winter, wo es Vögel gibt, die auf dem Rücken der Krokodile Läuse picken, aber immer komme ich zurück zum Kuhstall bei Bauer Mönkemeyer und lege meine Kinderchen ins Gebälk unterm Dach.«

»Haben Sie eine Ortskenntnis!« rief der Kuckuck bewundernd. »Auch ich reise ziemlich viel, hierhin und dorthin, aber für mich ist ein Kuhstall wie der andere, obwohl ich ausgezeichnet zählen kann, von eins bis fünfundachtzig, ohne Unterbrechungen, und die Menschen sogar ihre Lebensjahre nach meiner Zählung berechnen.«

»Ortskenntnis ist alles«, sagte die Schwalbe, »Ortskenntnis und ein gutes Auge, sonst landet man im falschen Kuhstall.«

»Ja«, sagte die Elster, »wie viele goldene Ringe und anderes, was glänzt, habe ich schon verloren durch mangelnde Ortskenntnis. Aber meine Kinderchen, nein, dazu bin ich zu verantwortungsvoll.«

»Das erinnert mich«, sagte die Schwalbe, »ich muß zurück zum Kuhstall bei Bauer Mönkemeyer und nach meinen Kinderchen sehen. Sie rühren sich schon in der Schale, besonders das eine, und bald werden sie herauskommen, und ich werde sie füttern, wie sich's gehört, und ihnen beibringen, wie man nach Afrika fliegt, wo es Vögel gibt, die auf dem Rücken der Krokodile Läuse picken, und wieder zurückkommt ins Gebälk unterm Dach vom Kuhstall bei Bauer Mönkemeyer.«

»Sie zerbrechen mir das Herz«, sagte der Kuckuck. »Wie gerne würde ich den meinigen beibringen, wie man von eins bis fünfundachtzig zählt, aber ich kann sie leider nicht finden.«

»Irgendwo werden sie schon sein«, sagte die Schwalbe und zwitscherte, wie es ihre Art war, im Steilflug ab.
In dem Augenblick knackte etwas unter der Elster, und sie hob ihr Hinterteil vom Nest und sagte: »Ach, da ist ja das erste schon da.«
»Ich gratuliere«, sagte der Kuckuck. »Darf man wohl mal sehen?«
»Aber gerne«, sagte die Elster, und der Kuckuck sagte: »Ein Prachtkind! Ein Kleines von mir könnte nicht hübscher sein!«
Aber die Elster meinte: »Mir sieht es fast aus wie ein wenig aus der Art geschlagen.«
»Das kommt in den besten Familien vor«, sagte der Kuckuck und fügte hinzu: »Kuckuck!« und zählte: »Eins.« Und da er immer noch dabei war, seine Kinderchen zu suchen, ließ er die Elster auf ihrem Nest zurück und flog zu dem Loch im Baum, wo die Nachteule hauste, und kam gerade zurecht, als etwas unter der Nachteule knackte und die Nachteule sagte: »Ach, da ist ja das erste schon da.«
»Ich gratuliere«, sagte der Kuckuck. »Darf man wohl mal sehen?«
»Aber gerne«, sagte die Nachteule, und der Kuckuck sagte: »Ein Prachtkind! Ein Kleines von mir könnte nicht hübscher sein!«
Aber die Nachteule meinte: »Mir sieht es gar nicht eulig aus, vielleicht weil es noch so klein ist.«
»Es wird schon wachsen«, sagte der Kuckuck und fügte hinzu: »Kuckuck!« und zählte: »Zwei.« Und da er immer noch dabei war, seine Kinderchen zu suchen, ließ er die Nachteule in ihrem Loch im Baum zurück und flog zum Kuhstall bei Bauer Mönkemeyer und kam gerade zurecht, als etwas unter der Schwalbe knackte und die Schwalbe sagte: »Ach, da ist ja das erste schon da.«

»Ich gratuliere«, sagte der Kuckuck. »Darf man wohl mal sehen?«
»Aber gerne«, sagte die Schwalbe, und der Kuckuck sagte: »Ein Prachtkind! Ein Kleines von mir könnte nicht hübscher sein!«
Aber die Schwalbe meinte: »Das ist doch sonderbar, es ähnelt mir überhaupt nicht.«

»Das ist bei Kleinkindern immer so«, sagte der Kuckuck, »die Ähnlichkeit sieht man erst, wenn die Federn kommen«, und er fügte hinzu: »Kuckuck!« und zählte: »Drei.«
Und da er immer noch dabei war, seine Kinderchen zu suchen, ließ er die Schwalbe zurück im Gebälk unterm Dach vom Kuhstall bei Bauer Mönkemeyer und flog in den Wald und setzte sich auf die Spitze der höchsten Tanne und blickte umher in der Welt und rief: »Kuckuck!« und zählte bis fünfundachtzig, aber das will nicht viel besagen, wenn einer

ein zerstreuter Vogel ist und kein Verantwortungsgefühl hat und keine Ortskenntnis und nicht weiß, bei welchem Loch er angefangen hat.

Der alte Pelzmantel

Da hing der alte Pelzmantel unter allerlei Gerümpel im Laden und sah ganz zerrissen und zerschlissen aus. Dabei war er einst so prächtig gewesen und hatte so herrlich gewärmt und hatte einen richtigen Otterkragen gehabt. Jetzt aber hatte er nur noch einen einzigen Knopf, der war aus echtem Hirschhorn, und auch der hing am letzten Faden.

Und nun kam der Trödler, dem der Laden gehörte, und besah sich den alten Pelzmantel. »Mehr Löcher als Stoff, mehr Risse als Haare«, sagte der Trödler, »dich kauft doch keiner. Aber Platz nimmst du weg, und Platz ist Geld, das hat schon mein Vater gesagt, und der kannte sich aus im Geschäft.«

Bevor er sich's versah, lag der alte Pelzmantel draußen auf der Mülltonne, und da ihm die meisten Haare ausgegangen waren, fror er in der Kälte, nachdem er so lange im Trocknen gehangen hatte.

»Jetzt hast du's«, sagte der Hirschhornknopf. »Hochmut kommt vor dem Fall. Und das Schlimmste ist, mich hast du mit ins Unglück gerissen, denn du und ich, wir hängen zusammen.«

»Du tust, als ob du die Weisheit mit Löffeln gefressen hättest«, sagte der Pelzmantel. »Dabei bist du nur ein Knopf.«

»Aber ein Hirschhornknopf!« sagte der Hirschhornknopf. »Einen echten Hirschhornknopf kann man immer brauchen. Doch du bist überhaupt nichts mehr wert. Und bei Lichte besehen warst du auch früher kein solches Prachtstück.«

»Ach«, sagte der Pelzmantel, »du warst schon immer ein mißgünstiger Knopf. Warst du nicht selbst dabei, als der große Dichter mich kaufte, im feinsten Pelzgeschäft, mit dem Geld, das er für sein Theaterstück bekam, und als ich zum Hofball fuhr beim Großherzog, neben mir in der Karosse die schöne Tänzerin Pimpinella, die sich auf der Fußspitze drehen konnte, bis es allen Leuten schwindlig wurde beim Zusehen? Willst du vielleicht behaupten, all das ist nicht gewesen?«

»Schnipp, schnapp, papperlapapp«, sagte der Hirschhornknopf. »Und wo bist du jetzt? Auf der Mülltonne.«

»Und dann nahm der große Dichter die schöne Tänzerin Pimpinella an sein Herz und legte mich um sie, und die schöne Pimpinella sagte: ›Ach, wie bist du warm und gut‹, und der große Dichter dachte, er wäre gemeint, aber in Wahrheit meinte sie mich, denn ich war es, der an ihrer weichen Haut lag, die nach Rosen duftete und nach Frühling.«

»Flimm, flemm, flammerie«, sagte der Hirschhornknopf. »Ich möchte nicht wissen, wonach du jetzt duftest. Aber einen echten Hirschhornknopf kann man immer brauchen.«
Der alte Pelzmantel flappte mit den Ärmeln, denn er fror sehr, und er brauchte ein bißchen Bewegung. »Es ist noch nicht aller Tage Abend«, sagte er, »und wahre Größe ist unvergänglich.«
»Das hat schon mancher behauptet«, erwiderte der Hirschhornknopf, »der auch auf der Mülltonne saß.«
»Ich werde es dir beweisen«, sagte der Pelzmantel. »Ich werde meinen Herzensfreund, den großen Dichter, aufsuchen, und du kommst mit, denn du hängst an mir, wenn auch nur am letzten Faden.«
»Und du meinst, dann wird alles gut sein?« fragte der Hirschhornknopf höhnisch. »So was passiert nur in Märchen, und Märchen passieren nicht mehr.«
Da flappte der alte Pelzmantel stärker mit den Ärmeln und kam tatsächlich in Bewegung. Seine ersten Schritte waren noch recht tapperig, denn es war lange her, seit er das letzte Mal auf der Straße gewesen war, und er schlenkerte hin und her im Wind, der ihm durch die Löcher blies. Aber wenn sich einer etwas richtig vornimmt und seinen ganzen Willen daran setzt, dann kommt er wohl vorwärts, auch wenn er schon alt und zerschlissen ist.

Nun waren sie bereits eine Weile durch die Gassen der Stadt gelaufen an diesem kalten Abend, wo die Leute lieber im warmen Zimmer saßen und Glühwein tranken und Tiddeliwinks spielten. Der Schutzmann Säbelbein an der Ecke hatte den alten Pelzmantel vorbeikommen sehen und war ganz erschrocken, denn so etwas war ihm noch nicht vorgekommen, obwohl er schon viele Leute ohne Kopf gesehen hatte.

Schwipp schwapp, Kopf ab, aber einen zerrissenen, durchlöcherten Pelzmantel, der ganz ohne was drin vorbeiläuft? Und der Gepäckträger Huckepack hatte den Mantel gesehen auf dem Weg vom Bahnhof, aber der war nicht erschrocken, denn er hatte eine rote Nase von dem vielen Glühwein, den er trank, und er erblickte alle Tage grüne Nixen und rosa Elefanten und lauter merkwürdige Dinge.

»Wo willst du nun deinen Herzensfreund, den großen Dichter, finden?« fragte der Hirschhornknopf.

»Man muß das Haus finden, wo er gewohnt hat«, sagte der alte Pelzmantel. »Es war ein großes Haus mit einem geflügelten Pferd aus Stein über dem Tor und mit blankgeputzten Fenstern, mehr ein Palast als ein Haus, eben ein Haus, wo ein Pelzmantel mit einem richtigen Otterkragen so wie ich hineinpaßte.«

»Otterkragen!« sagte der Hirschhornknopf. »Den Otterkragen hat der Kutscher Friedrich abgetrennt und für Schnaps verkauft, das vergißt du wohl?«

»Ich vergesse gar nichts«, sagte der alte Pelzmantel. »Ich weiß sogar die Adresse. Das Haus ist in der Großherzog-Leopold-Gasse, wo alle vornehmen Leute wohnen.«

Da waren sie in der Großherzog-Leopold-Gasse. Aber das Haus lag ganz finster und verlassen da, und die Fenster, die früher so blankgeputzt gewesen, waren ganz blind von Staub und voller Spinnweben, und unter dem geflügelten Pferd aus Stein hing ein verwittertes Schild mit der Aufschrift: *Zu vermieten.*

»Siehst du«, sagte der Hirschhornknopf, »und darum das Flappen mit den Ärmeln und die ganze Aufregung? Da hättest du auch auf der Mülltonne bleiben können, in deinem Zustand, statt mich hierherzuschleppen. Denn einen echten Hirschhornknopf kann man immer brauchen.«

Der arme alte Pelzmantel lehnte sich ganz müde in die Ecke

vom Toreingang, wo der Wind nicht so blies. Er brauchte Zeit zum Verschnaufen, denn auch wenn einer schon viele Haare gelassen hat im Leben, eine Enttäuschung ist eine Enttäuschung. Dann sagte er: »Mein Herzensfreund, der große Dichter, wird umgezogen sein. Er wird die schöne Tänzerin Pimpinella geheiratet haben und lebt nun bei ihr, und jeden Morgen essen sie Honigkipferln, und jeden Abend küssen sie sich.«

»Schnick, schnack, Kartoffelsack«, sagte der Hirschhornknopf. »Und wie willst du die schöne Pimpinella finden?«

»Wir werden zum Herrn Stadtrat gehen«, sagte der alte Pelzmantel. »Der wird es wissen, denn der hat mich dem großen Dichter abgekauft, und er hat die schöne Pimpinella unter seine Fittiche genommen. Die Stadtbehörden haben seit je etwas für Kunst übrig.«

»Und wie willst du den Herrn Stadtrat finden?« fragte der Hirschhornknopf.

»Wir werden zum Kutscher Friedrich gehen«, sagte der alte Pelzmantel. »Der wird es wissen, denn der hat beim Herrn Stadtrat gedient, und darum hat der Herr Stadtrat mich ihm geschenkt. Die Kutscher oben auf dem Bock im Winde wissen einen guten Pelzmantel zu schätzen.«

»Und wie willst du den Kutscher Friedrich finden?« fragte der Hirschhornkopf.

»Wir werden zu dem Straßenhändler Florian gehen«, sagte der alte Pelzmantel. »Der wird es wissen, denn der kommt überall herum und hat mich dem Kutscher Friedrich gestohlen. Der Straßenhandel ist ohne warme Pelzmäntel gar nicht denkbar.«

»Und wo willst du den Straßenhändler Florian finden?« fragte der Hirschhornknopf.

»Auf dem Markt«, sagte der alte Pelzmantel, »wo sonst?«

Der alte Pelzmantel raffte sich auf und flappte mit den Ärmeln und kam bald in Bewegung, denn jetzt hatte er schon Übung, und der Hirschhornknopf, der am letzten Faden hing, immer mit. Der Leutnant Sausebraus sah den Mantel vorbeikommen und kratzte sich hinterm Ohr und dachte: Man trägt die Hosen jetzt ganz ohne Beine? Ich muß sofort mit meinem Schneider reden. Und das großherzogliche Hoffräulein Luise, das auf dem Wege war, sich mit dem Leutnant Sausebraus zu treffen, erblickte den Mantel ein wenig später und fiel vor Schreck um, denn am Hofe und bei der Regierung ist man doch empfindlicher als im gemeinen Volke, besonders wenn einer kommt, dem der Kopf fehlt *und* der Kragen.

Dann waren sie auf dem Markt. Und da stand der Straßenhändler Florian mit seinen Männekens, die nicht höher als dein Daumen waren und die er mit einem Schlüsselchen aufzog, daß sie herumliefen und im Takt mit dem Kopf nickten wie alle guten Bürger. Dazu rief er: »Männekens! Männekens! Wer kauft meine wunderbaren, einzigartigen, unbezahlbaren, leibhaftigen, selbsttätigen, beweglichen Männekens? Für die Kinder, für die Damen! Männekens mit und ohne Namen!« Aber das Geschäft war schlecht, denn in der Kälte kam niemand auf den Markt, und der Straßenhändler Florian fror wie ein Spatz und war denkbar schlechter Laune.

»Erkennst du mich nicht wieder?« fragte der alte Pelzmantel. »Wo ich dir doch treu gedient habe all die Jahre, bis du mich dem Trödler verpfändet hast für zehn Groschen?«

»Männekens! Männekens!« rief der Straßenhändler Florian. »Wenn du kein Männeken kaufen willst, troll dich. Du verjagst mir noch die Kundschaft, zerschlissen und zerrissen, wie du bist!«

»Er erkennt dich nicht«, sagte der Hirschhornknopf zu dem

alten Pelzmantel. »Ich habe es dir gleich gesagt, du hättest auch auf der Mülltonne bleiben können, in deinem Zustand.«
»Ach, Straßenhändler Florian!« sagte der alte Pelzmantel. »Dabei war ich doch ein stattlicher Pelzmantel, als wir uns das erste Mal sahen, auch wenn der Otterkragen schon weg war. Hätte ich dir nicht gefallen, so hättest du mich wohl nicht gestohlen.«
»Wer sagt hier, ich hätte gestohlen?« rief der Straßenhändler Florian. »Du willst mir wohl die Polizei auf den Hals bringen! Mach, daß du fortkommst, oder ich zerreiß' dich gänzlich!«
»Ich will nur, daß du mir sagst, wo ich den Kutscher Friedrich finde«, sagte der alte Pelzmantel. »Im übrigen sehe ich jetzt, daß es keine Dankbarkeit gibt.«
»Ritsch, ratsch, Dankbarkeit«, sagte der Hirschhornknopf. »An so einem Pelzmantel muß ich hängen.«
»Nur ein Wort, Straßenhändler Florian«, sagte der alte Pelzmantel. »Nur die Adresse. Ich muß den Kutscher Friedrich finden, damit ich den Herrn Stadtrat finde, damit ich die schöne Pimpinella finde, damit ich meinen Herzensfreund, den großen Dichter, finde. Es ist wichtig.«
»Männekens! Männekens!« rief der Straßenhändler Florian. »Wer kauft meine Männekens!«
»Und ich habe dich gewärmt«, sagte der alte Pelzmantel, »Tag und Nacht, solange ich konnte.«
»Also gut«, sagte der Straßenhändler Florian schließlich, »daß wir schon zu einem Ende kommen. Ich werde dir das Männeken Zottel mitgeben, das weiß den Weg.«
Damit nahm er sein Schlüsselchen und zog das Männeken Zottel auf und gab ihm einen Schubs in der richtigen Richtung. Das Männeken Zottel war jedoch das ärmste und schäbigste unter all den Männekens, es hatte nur ein heiles

Bein, und auf dem andern hinkte es, aber es wußte den Weg zum Kutscher Friedrich, und das war die Hauptsache.
Der alte Pelzmantel flappte mit den Ärmeln, und fort ging's, dem Männeken Zottel nach, das auf seinem Hinkebein so rasch daherhüpfte, daß man sich richtig sputen mußte, und der Hirschhornknopf an seinem letzten Faden immer mit. Die Jungfer Zierdichnicht sah den Mantel vorbeieilen im Abendnebel und dachte: Herrjemine, die Männer werden auch immer kürzer, aber ein Mann ohne Kopf ist doch besser als gar keiner. Und der kleine Zigeunerjunge Bruno an der Ecke, der die Streichhölzer verkauft, wollte schon rufen: »Zündhölzer! Echte Schwefelzündhölzer!« Aber dann hustete er nur, denn der Husten plagte ihn besonders an so feuchtkalten Abenden. Außerdem hatte der Pelzmantel keinen Kopf, und wer keinen Kopf hat, kann auch nicht Pfeife rauchen und braucht daher keine Zündhölzer.
Da waren sie beim Gasthaus »Zum Engel«, das einen großen goldenen Engel mit zwei weißen Flügeln über der Tür hängen hatte und vor dem die Droschke mit dem Pferd Liese stand. In dem Gasthaus »Zum Engel« aber stand der Kutscher Friedrich, und zwar stand er an der Theke und trank schon das dritte Glas Wacholder – das erste gegen die Kälte, das zweite gegen die Feuchtigkeit und das dritte zur Gesellschaft.
»Erkennst du mich nicht wieder?« fragte der alte Pelzmantel. »Wo du doch seinerzeit meinen Otterkragen abgetrennt und für Schnaps verkauft hast?«
»Immer man sachte, immer man sachte«, sagte der Kutscher Friedrich. »Siehst mir auch nicht aus, als ob du meine Droschke mieten könntest. Dann zahl mir wenigstens noch einen Wacholder.«
»Auch der erkennt dich nicht«, sagte der Hirschhornknopf zu dem alten Pelzmantel. »Das ganze Gelaufe und Gefrage

ist für die Katz, warum du's bloß nicht einsehen willst!«
»Ach, Kutscher Friedrich!« sagte der alte Pelzmantel. »Dabei war ich noch sehr gut erhalten und hatte fast alle meine Haare und den schönen dunkelbraunen Otterkragen, als der Herr Stadtrat mich nahm und dir schenkte.«
»Schenkte! Schenkte!« rief der Kutscher Friedrich. »Der? Abgezogen hat er mir's um Heller und Pfennig von meinem Lohn, und dann hat er mich an die Luft gesetzt. Zum Teufel mit deinem Herrn Stadtrat!«
»Ich will nur, daß du mir sagst, wo ich den Herrn Stadtrat finde«, sagte der alte Pelzmantel. »Im übrigen sehe ich jetzt, daß es keine wahre Großzügigkeit gibt.«
»Ritsch, ratsch, Großzügigkeit«, sagte der Hirschhornknopf. »An so einem Pelzmantel muß ich hängen.«
»Nur ein Wort, Kutscher Friedrich«, verlegte sich der alte Pelzmantel aufs Bitten. »Ich muß den Herrn Stadtrat finden, damit ich die schöne Pimpinella finde, damit ich meinen Herzensfreund, den großen Dichter, finde. Es hängt sehr viel davon ab.«
»Zahlst du mir einen Wacholder?« fragte der Kutscher Friedrich. »Einen einzigen kleinen Wacholder?«
»Schau mir doch in die Taschen«, sagte der alte Pelzmantel. »Greif ruhig hinein – alles Löcher. Hast doch selber die Löcher hineingestoßen in den Nächten auf dem Kutschbock, wenn du auf den Herrn Stadtrat warten mußtest und auf die schöne Pimpinella.«
»Also gut«, sagte der Kutscher Friedrich schließlich, »damit ich schon meinen Frieden habe. Ich werde dir das Pferd Liese mitgeben, das weiß den Weg.« Damit steckte er zwei Finger in den Mund und pfiff dreimal hoch und einmal tief.
Da fing das Pferd Liese draußen an zu stampfen und war bereit loszulaufen. Das Pferd Liese war jedoch das älteste

und dürrste in der ganzen Stadt, es hatte nur ein Auge, und auf dem schielte es, aber es wußte den Weg zum Herrn Stadtrat, und das war die Hauptsache.
Das war schon ein besseres Fortkommen. Der alte Pelzmantel saß auf dem Polstersitz in der Droschke wie ein vornehmer Herr, und das Männeken Zottel war auf den Kutschbock gehüpft und hockte da oben wie ein Floh auf dem Kragen, und der Hirschhornknopf, der am letzten Faden hing, immer mit. Der Nachtwächter Pollepopp sah das Gefährt vorbeirattern ohne Kutscher und ohne Kopf und rief: »Gottseibeiuns! Das jüngste Gericht bricht aus!« Und blies in sein Horn, daß die Leute erschraken und dachten, es wäre ein Feuer irgendwo. Und der Herr Pfarrer Kleinschmidt sah es auch, als er vom Sterbebett eines reichen Geizsacks heimging, und dachte: Da kommt ja schon der Teufel, um die Seele zu holen. Und er bekreuzigte sich dreimal und machte kehrt und begab sich gleichfalls ins Gasthaus »Zum Engel«, denn nach so einem Erlebnis tut ein Wacholder auch einem geistlichen Herrn gut.
Da waren sie nun beim Haus des Herrn Stadtrats, das hell erleuchtet war, denn er hatte Gäste gehabt zu Tanz und Kartenspiel, und der Herr Stadtrat stand in der offenen Haustür und sagte zu einem nach dem anderen: »Tschüs, mein Herr, Adieu, meine Dame, ich hoffe, Euer Wohlgeboren haben sich gut amüsiert.«
Dabei schlüpfte der alte Pelzmantel, nachdem er dem Männeken Zottel und dem Pferd Liese gleichfalls »Tschüs, mein Herr, Adieu, meine Dame« gesagt hatte, an dem Herrn Stadtrat vorbei ins Haus und flappte mit den Ärmeln, damit er die Treppen hinaufkam und hinein in den guten Salon mit der blauen Tapete und den Brokatsesseln.
Das Schönste im Salon aber war ein großer venezianischer Spiegel, der in allen Farben glitzerte, und in dem Glas des

Spiegels sah der alte Pelzmantel die schöne Pimpinella. Die schöne Pimpinella stand auf den Zehenspitzen und hatte die Lippen gespitzt, als ob sie ihrem Spiegelbild einen richtigen Kuß geben wollte, so schön und zart und lebendig war dieses Spiegelbild, und dem alten Pelzmantel wäre wohl das Herz stehengeblieben bei dem Anblick, wenn er nur ein Herz gehabt hätte statt eines Hirschhornknopfes.

»Erkennst du mich denn nicht wieder?« flüsterte er, denn beinahe hätte es ihm die Stimme ganz und gar verschlagen. »Erinnerst du dich nicht, wie der große Dichter dich an sein Herz nahm und mich um dich legte auf der Fahrt zum Ball beim Großherzog? Ich weiß noch genau, wie du geduftet hast – nach Rosen und nach Frühling. Ganz wie jetzt, ach, ganz wie jetzt.«

»Wo kommt denn dieser Fetzen her?« fragte der Herr Stadtrat, denn nun waren die Gäste fort, und er war wieder im Zimmer. »Wer hat denn den hiergelassen?«

»Du hast mich meinem Herzensfreund, dem großen Dichter, abgekauft«, sagte der Pelzmantel. »Erkennst du mich nicht?«

»Sie erkennen dich nicht«, sagte der Hirschhornknopf. »Beide. Ich habe es dir ja gleich gesagt. Wärst du lieber auf deiner Mülltonne geblieben, statt den guten Salon mit der blauen Tapete zu beschmutzen!«

»Ich habe etwas für dich«, sagte der Herr Stadtrat zu der schönen Pimpinella. »Was bekomme ich dafür, wenn ich dir's gebe?«

»Was ist es denn?« fragte die schöne Pimpinella und blickte ihrem Spiegelbild in die Augen.

Da trat der Herr Stadtrat an sie heran und legte ihr ein Perlenhalsband um den schlanken Hals. Die schöne Pimpinella neigte den Kopf elegant zur Seite und ließ die Perlen an ihrem Hals im Licht des Spiegels schillern und blinken.

»Nun?« sagte der Herr Stadtrat. »Was bekomme ich?«
»Mich«, sagte die schöne Pimpinella und küßte statt ihres Spiegelbilds den Herrn Stadtrat.
»Ach«, sagte der alte Pelzmantel und rief den Namen des großen Dichters.
Da erschrak die schöne Pimpinella, und der Herr Stadtrat drehte sich empört um. »Was willst du eigentlich?« fragte er den alten Pelzmantel. »Troll dich aus meinem Salon, oder ich werfe dich eigenhändig hinaus.«
»Schöne Pimpinella«, sagte der Pelzmantel. »Wo ist der große Dichter, dem wir beide gehörten? Vielleicht kann er wenigstens mich noch brauchen.«
»Der große Dichter!« rief der Herr Stadtrat. »Man höre! Er ist in Ungnade gefallen beim Großherzog und bei mir und bei der Regierung, welche die Größe der Dichter bestimmt und ob einer überhaupt ein Dichter sein darf. Der große Dichter sitzt in der Gosse, die schöne Pimpinella aber hat ein Perlenhalsband erhalten und gehört mir.«
»Nun sehe ich, daß es keine echte Größe und wahre Liebe gibt. Wäre ich nur auf meiner Mülltonne geblieben!«
»Ritsch, ratsch, echte Größe, wahre Liebe«, sagte der Hirschhornknopf. »An so einem Pelzmantel muß ich hängen.«
Da packte der Herr Stadtrat den alten Pelzmantel und trug ihm zum Fenster und warf ihn hinaus.
Unten auf dem Rinnstein an der Gosse saß der ehemalige große Dichter und blickte nach oben, von wo der alte Pelzmantel ihm um die Schultern gefallen war. »Das ist doch sonderbar«, sagte er. »Sicher ist es eine Art Botschaft von der schönen Pimpinella.«
»Erkennst du mich wirklich nicht wieder?« fragte der alte Pelzmantel.
Eine Träne fiel aus dem Auge des ehemaligen großen Dich-

ters auf den Hirschhornknopf. »Wie sollte ich dich nicht wiedererkennen, alter Mantel!« sagte er. »Trägst du doch noch einen Hauch an dir von dem, was einst war – von Rosen und Frühling.«

»Plisch, plusch, plamm«, sagte der Hirschhornknopf, »wenn's wenigstens von Mottenpulver wäre!«

Da stand der ehemalige große Dichter auf, und nun sah man erst, wie dünn und fiebrig und krank er war. Er schlug den alten Pelzmantel um sich, und der alte Pelzmantel gab ihm die letzte Wärme, die er hatte, und zusammen gingen sie fort, immer weiter, immer weiter auf der Suche nach dem Land, wo es Dankbarkeit gab und Großzügigkeit und wahre Liebe und echte Größe und Hoffnung.

Der Hirschhornknopf aber blieb zurück, denn jetzt war der letzte Faden gerissen, und einen echten Hirschhornknopf kann man immer brauchen.

»Morgen, Pa! Hallo, Kinder!«

Mickie war eingetreten, eine Flasche Nagellack in der Hand. Sie nahm Platz am Tisch, schraubte den Flaschenverschluß mit dem daran befestigten Pinselchen vorsichtig ab, spreizte ihre Finger und fing an sich die Nägel zu malen.

Die dürren Muskeln an Evalines Hals begannen zu zucken. Endlich brach es aus ihr heraus: »Schau sie dir nur an! Die ganze Familie hungert sich zu Tode, wegen diesem Vater von ihr, und sie bemalt sich die Nägel –«

»Laß Mickie in Ruhe!« warnte Kennedy. Gerade Evaline hatte nicht das Recht, den Moralrichter zu spielen.

»Jedem hier zerspringt der Kopf vor Sorgen – aber sie? Die Fingernägel, die Gott und die selige Mutter ihr gegeben haben, sind vielleicht nicht gut genug? Blutrot muß sie sie färben wie ein Tingeltangel-Girl!«

Kennedy stand auf. »Ich hab dir gesagt, laß sie in Ruhe! Sie tut dir doch nichts!«

Mickie blies sich auf die Nägel. Dann steckte sie das Pinselchen in die Flasche und schraubte den Verschluß fest.

»Und wo sie das Geld dafür herhat, möchte ich wissen!« fuhr Evaline fort. »Nagellack! Lippenstift! Dies! Das! Eitelkeiten! Wächst es etwa im Gras? Findet man's auf der Straße?«

Mickie verstaute das Fläschchen in ihrer Handtasche, holte ihren Mantel, zog ihn über und verließ das Haus.

»Bist du jetzt zufrieden?« fragte Kennedy. »Jetzt hast du sie vertrieben. Wer soll denn das auch aushalten! Gekeif und Geschimpf und Gejammer, von früh an!«

»Natürlich!« sagte Evaline. »Die Prinzessin kann es nicht vertragen. Sie ist zu fein dafür! Und warum ist sie so geworden? Wer hat sie dazu gebracht? Wer hat ihr die großartigen Ideen in den Kopf gesetzt?«

»Großartige Ideen!« Kennedy schob die Hände in die Hosentaschen. *Großartig.* Das war der Unterschied zwischen seinen Ideen und Bileks. Er lief hin und her, die Kinder gerieten ihm zwischen die Beine. »Nicht viel Großartiges hier!« Er sah sich wütend um, sein Blick fiel auf das einzige moderne Stück Möbel in der Küche, den Kühlschrank. Er stieß den Fuß gegen das Blech. »Wir haben sowieso nichts zu essen im Hause, da brauchen wir das wohl auch nicht.«

Evaline zerrte ihn weg. Nächst ihren Zähnen war es der Kühlschrank, der ihr das Leben lebenswert machte. »Was führst du im Schilde, Carlisle Kennedy?«

Er lachte. »Das Ding zu dem Laden zurückbringen, wo wir's gekauft haben, bevor sie uns jemanden schicken, der es uns wegholt!«

»Das werden sie nicht tun!«

»Doch, werden sie! Wenn die Ratenzahlung fällig ist und ich nicht zahlen kann, geht's zurück. Das weißt du so gut wie ich.«

Evaline weinte sonst nie. Es war, als wäre nicht genug Flüssigkeit dafür da in ihrem dürren Leib. Doch jetzt standen ihr Tränen in den Augen.

»Wenn ich das Ding selber zurückbringe«, sprach er erbarmungslos weiter, »erreiche ich vielleicht, daß ich nicht das ganze Geld verliere. Zehn Dollar habe ich angezahlt, und dann sechs Monate lang jeden Ersten zehn Dollar auf den Tisch des Hauses gelegt – da sollte man doch ein paar Dollar wenigstens zurückbekommen.«

»Nein«, sagte sie. »Nein...«

»Und warum nicht? Man braucht Geld, um all diese Münder zu stopfen. Du hast's doch selber gesagt.«

»Aber wenn du den Kühlschrank fortbringst, Carlisle Kennedy, dann ist überhaupt nichts mehr da im Haus. Nichts, auf das der Mensch ein bißchen stolz sein kann –«

»Jetzt möcht ich aber wissen«, fragte er ruhig, »wer dir die großartigen Ideen in den Kopf gesetzt hat?«

Ihr Ausdruck verhärtete sich wieder. Es war sinnlos, diesen Mann überzeugen zu wollen. »Wenn der Kühlschrank fortkommt«, erklärte sie, »geh ich auch.«

»Gut«, sagte er, »ausgezeichnet! Das ist dann *ein* Mund weniger, den wir zu stopfen haben – und ein Mund, der wieder kauen kann und eine Menge schluckt.« Er ließ die Tür des Kühlschranks aufschnappen und nahm das wenige heraus, das sich darin befand – ein Schüsselchen Brei, ein paar verschrumpfte Salatblätter, leere Teller.

Evaline stand wie versteinert. Das Innere des Kühlschranks, ganz in Weiß und Chrom, tat ihrem Blick weh. Dann entdeckte sie das Radio. Sie raffte sich auf, lief hin zu dem Apparat, packte ihn, schleppte ihn hin zu Kennedy. »Nimm das doch! Verkauf's!«

Er nahm den Stecker des Kühlschranks aus der Wand. »Und was, denkst du, werden wir schon für das Trümmerstück kriegen?«

Sie schwankte vor Schwäche und mußte den Apparat hinstellen. »So versetz doch den Schmuck!« sagte sie heiser. »Das Armband, das Mickie hat, und den Ring auch! Die sind jeden Tag zehn, zwölf Dollar wert!«

»Mollys Ring – meinst du? Mollys Armband?«

»Ist doch echtes Silber! Und der Ring ist sogar vergoldet, und hat einen netten Stein –«

Sein Gesicht hatte sich verdüstert. »Miststück!« sagte er. »Mach, daß du mir aus dem Weg kommst!«

Sogar damals, am Tag des Prozesses, als er drauf und dran war, sie zu schlagen, hatte er nicht so wütend ausgesehen. Sie wich ihm hastig aus.

Er tat ihr aber nichts. Er packte den Kühlschrank. Es war ein ziemlich großer Kühlschrank, seine Muskeln krampften sich, die Adern schwollen ihm an, Schweiß drang ihm aus den Poren.

»He, Pa! Was machst du denn da?«

Er lehnte sich gegen den Kühlschrank; sein Zorn war verpufft. Mickie stand in der Tür.

»Zurück?« fragte er.

»Natürlich bin ich zurück.«

»Dann mach die Tür zu.«

Sie schloß die Tür und trat zu ihm. »Brauchst du Geld, Pa?«

Er wischte sich den Schweiß vom Gesicht. »Wieso?«

»Weil ich dir welches verschaffen kann.«

»Wo?« fragte er mißtrauisch.

»Von Webb«, sagte sie leichthin. »Er hat doch genug. Er arbeitet immerzu und spart sich sein Geld, und dann will er doch diese Rebhühner großziehen. Fünf Dollar bedeuten gar nichts für ihn.«

Kennedy nahm seine schwere Überjacke und seine Mütze vom Kleiderhaken. »Komm einen Moment mit mir heraus, Mickie.«

Sie zögerte.

»Willst du nicht, Mickie?«

»Gut, Pa.«

Draußen auf der Veranda holte er tief Luft. Der Tag war kühl, er zitterte ein wenig.

»Mickie –«

»Ja, Pa?«

»Ich will die Wahrheit von dir –«

Sie blickte ihn an. »Sag ich dir nicht immer die Wahrheit, Pa?«

»Was ist das zwischen dir und Pete Webb?«

»Nichts!«

»Du hast gesagt, du kannst Geld von ihm kriegen – kein Mann gibt einem Mädel Geld für nichts.«

Ihr Lachen hatte einen schrillen Unterton. »Pete ist ein Dummkopf! Du weißt doch, daß er in mich verschossen ist.«

Seine Finger schlossen sich hart um ihren Arm.

»Was soll ich denn tun?« rief sie. »Zusehen, wie du und die Kinder hungern, wenn ich nur ein Wort zu sagen brauche und ich habe das Geld –«

»Nur ein Wort?« sagte er. »Nicht mehr?«

»Was denkst *du* denn?«

Sein Griff lockerte sich. Er nahm Mickie bei der Hand und ging mit ihr langsam quer über das Grundstück, bis zu dem verrotteten Zaun und wieder zur Veranda zurück. »Ich habe dir immer geglaubt und Vertrauen zu dir gehabt. Ich weiß, daß du nichts Schlechtes tun würdest. Aber nur Huren nehmen Geld von Männern.«

Sie nickte, nicht sehr glücklich. Webb hatte doch Geld, und Lonsdale hatte Geld, und wenn man's von ihnen bekommen konnte, ohne etwas dafür zu geben – warum nicht?

»Mit mir ist das so, Mickie. Wenn die Zeiten schwer sind, wie jetzt, dann brauche ich jemanden, auf den ich mich stützen kann. Mit Angeline kann ich nicht reden, das ist unmöglich. Evaline ist ein bösartiges altes Weib. Und deine Geschwister sind noch zu klein. Als deine Mutter am Leben war, war es anders. Sie hat mich verstanden; ich hab ihr nicht viel zu erzählen brauchen, sie hatte so eine besondere Art. Es war nicht, *was* sie sagte, obwohl sie meistens recht hatte; es war, *wie* sie es sagte, und was man in ihren Augen erkennen konnte, und das Lächeln, das sie hatte. Du hast ihr Lächeln, Mickie, und ihre Augen, auch wenn deine Augen eine Farbe haben wie meine. Ich hab doch nur dich; und wenn ich arbeite, hab ich nicht die Zeit, mich um dich zu kümmern; und jetzt, wo wir streiken, hab ich auch keine Zeit...«

Seine plötzliche Güte überwältigte sie. Fast wäre es ihr lieber gewesen, er hätte sie angeschrien oder geschlagen. Sie fühlte sich ganz weich im Herzen, weich und still.

»Es ist Molly nicht leichtgefallen, von uns fortzugehen«, sagte er. »Sie hat gekämpft und sich dagegen gewehrt. Dann aber ging sie ruhig, so ruhig und leise, daß ich's gar nicht bemerkt habe..«

Jetzt, dachte sie, jetzt sage ich ihm alles... Nein, nicht jetzt... Jetzt hat er's zu schwer. Aber jeder Mensch hat's schwer. Er hat seinen Packen zu tragen und ich meinen. Aber meinen werd ich mir schon irgendwie erleichtern.

»Du bist noch ein halbes Kind, Mickie. Eine Weile bleibst du noch zu Haus; ein Jahr, ein paar Jahre vielleicht. Aber nimm dich vor dir selbst in acht! Du hast mein Temperament – und Mollys Sinnlichkeit...«

Gut, daß ich den Mund gehalten habe, dachte sie. Und was gab es im übrigen groß zu beichten? Was hatte sie denn Unwiederbringliches verloren?

»Hast du gehört, was ich gesagt habe?«

»Natürlich, Pa!«

»Du und ich, Mickie. Das ist doch was Schönes. Und für Leute wie uns gibt's nicht viel Schönes im Leben. Ich möchte es nicht gerne zerstört sehen.«

Sie lachte heiter, gelöst. »Warum sollt ich's denn zerstören wollen?«

Er drückte ihr die Hand. Dann gab er ihr einen leichten Schlag auf den Hintern, und lachte auch.

LESEPROBE